把脉周期 寻找牛股

一个职业投资者的感悟

何桥伟◎著

序一

何桥伟先生将自己多年来游刃于“股潮资海”的经验与感悟凝成关于投资的专著——一个职业投资者的感悟，慷慨奉献于读者案前，窗竹摇影，泉滴入声，于公于私，可喜可贺。

大约三年前，甫萌著述之念的桥伟君相约聚首，提起请在下来日握笔赐序。我自量连看盘炒股的个案经历亦乃阙如，深知隔行如隔山之尴尬，理应知难而退，然面对桥伟之邀约，却唯恐“金口”已开者滋生丝毫的失落与误解，竟不假思索地以三字回答：“一定写。”师友无戏言，现在该轮到我先束锦囊，践约交卷了。

初识桥伟，是在21年前的初夏，在我举家迁杭半年之后，杭州大学历史系负责人见我暂无授课任务，建议陪同即将卒业的1990级本科学子北走石头城，名曰“带队实习”，实则以三五天的时光，随同浙江学子参访六朝畿辇，领略建宁形胜。吴越干戈，已成往事；吴语披风，南北一体。

究竟是谁“带”谁，已不重要，只见江雨霏霏，酒旗招展，按图索骥，且索且行。八表神游实非诗窖谪仙们的专利，邻乡学子的谈笑风生足可催醒铄石流金的夏日，驱赶秦淮遗梦的凄清。

在此行数十名学子中，有一位笑容可掬、阳光开朗的男生，似不因已获中国人民大学历史系研究生的资格而显露其得意与轻慢，颇获我心，他就是来自诸暨农家的何桥伟。我们的叙谈范围还不窄，从五泄的瀑布到人大的红楼，从西子湖畔的逸闻趣事到历史学科的神州冷貌。离宁之夜为节省公费开支，吾等提前数小时汇聚在车站广场候车，席地而坐，恰似风餐露宿，我与桥伟肩靠肩的叙谈由近及远，瞌睡时的小盹辄由远而近，冷暖与共，历历如昨。

正是这个短暂的南京之旅，启动一宗鸡黍之约，随时奏响三叠阳关。无论是寒暑两假时取道省垣，抑或创业京师后返乡省亲，桥伟多次探视宝善桥边的陋室，畅叙别情，面通声息。后来，我也离杭北迁，与桥伟同城吸霾，再续地缘。无论是寓居偏僻的昌平，还是跻身喧嚣的海淀，创业繁忙的桥伟还时常牵挂于我，屡屡登门看望。无数次离京出差与返程回家的记忆，都与他主动驱车，风雨无阻等场景黏成一图，俨如我栖身京畿的起居长城。吾辈一介书生，自然帮不了早已淡出学府而显身实业中人，此君却不以钱愚选客，不拿利害度人，某些不知情的师友还以为桥伟就是我在杭大或浙大招收的研究生，至少是本科弟子，殊不知，在那个时候，我带研究生的“红头文件”才刚刚递到系里，本科的班级授课还没开讲，我与桥伟并无“货真价实”的师生名分，千古龙蟠走一回而已。

桥伟学的是历史专业，由杭大本科升为人大研究生，先后七载功夫。桥伟硕士论文探究的是近代民营航运巨擘卢思公的足迹与才情，我不知道这对他后来的职业选择有何关涉，但我知道他既有乐于做事的人生志向，亦不乏自由驰骋的职业诉求。即便是铁道部与中铁集团的“铁饭碗”，亦不过是他探水试温的商海驿站，如何求少耗青春，自起炉灶，则是其驱动角色转型的万里航标。自 2005 年始，桥伟就悄然行走在投资之途，越三载春秋，则以职业投资者的身份，在风险中滚打，于挫折中前行。数年的熊牛拼杀，练其筋骨，升其心智，投资的理念日趋完善，进账的业绩蔚然可观。

西哲柏拉图有言，能使他人幸福者，定能获得幸福；西方“成功学之父”塞缪尔·斯迈尔斯亦称，“一个善于宽容和体谅的人，一个心地善良与心气平和的人，一个具有克制力与忍耐力的人，总能找到生活的幸福”。我不知道此言有无普世价值，但对桥伟来说，倒不失为量身定做的招牌语录。近三十年来，商机四起，闷声发财者何其多也，口喊“共同富裕”却只认物质不灭定律，挖空心思把自家搞富，不搞双赢者亦多如牛毛，给人分羹已是稀有，襄人发财者尤属罕见，桥伟却偏偏属于后者。多少个日夜陷于熊泥，他不是没有沮丧过和备受煎熬过，然而，虽万钧之压力，也由他一人暗扛着，并不影响笑对客户，以赔本方式如数支付客户的常年利润，等候时机，异军突起。及至发了小财，赚了银子，距亿万富榜岂止一步之遥，他却唯恐他人不知咸鱼翻身，逢人便告自己的投资经验，掏心窝子，还白纸黑字写书印书，非让别人一起致富不可。

平心而论，桥伟如此热衷写意，并非毫无风险。如果书中的那些个性化的经验说得欠准，读者一试便知，他会变成一个广受嘲讽的对象。当然，如果他没有八成把握，恐怕也不会如此郑重其事，记录在案，但别人也有办法，不难师其长技，成为竞争对手，这也是麻烦事，商界犹如战场。对于前者，桥伟达观处之，听其自然；对于后者，他却充满期待，毫不畏惧。他多次私下对我说：真希望大家都富，投资才有意义，竞争才有价值，不然的话，要那么多钱干什么？如果自己赚的钱都留给独女，女儿也用不完，反而会滋长她的依赖与懒惰，最终害了她，那就不如让亲人、朋友、邻里、客户一同获利，顺便投向一些更有意义的事情，回报社会，共同快乐。凭我对桥伟的了解，我知道他并不是在矫情，他也不会在我面前说谎。

也许在旁人看来，像何桥伟这样的投资者年纪还轻，资历亦浅，显然远不及香港巨贾李嘉诚或美国“股神”巴菲特，却为了让别人跟他一起致富，急于冒险印行个人经验，即使不是作秀，也是犯傻。但在我看来，如果他想用自己的行动去否定法国作家 A.R. 里瓦罗尔的偏见，“财富对有些人只做了一件事，使他们担心会失去财富”，又何尝不值得人们敬佩。在当今社会，自封与互封“儒商”者满街都是，却鲜有玩钱者能像桥伟那样，把人造之物孔方兄看得如此通透。曾几何时，“让一部分先富起来”的声音石破天惊，开启一个时代，至今余音缭绕，回荡山河，我却时常思忖，如果让何桥伟这样的商士先富起来，岂不更省事？

近年来，由于大学毕业生就业困难，文科专业不受青睐，学历史有什么用之类的疑问不绝于耳。其实，即便是民国时期口碑颇好的南开大学校长张伯苓，面对留美归来的我国首位人类学博士李济，也直言不讳地问：“告诉我，人类学的好处是什么？”李济答曰“人类学什么好处都没有”，次年就离开了天津。查良镛（金庸）先生出任浙江大学人文学院院长时，曾给浙大学子做过“学历史有什么用”的演讲，然后请听众提问。当时我奉命在场陪同，却已记不清查大侠讲了哪些学历史的用处，倒是记得美国的投资高人罗杰斯曾经直截了当地说：从做投资来说，学金融不如学历史和哲学。我不知罗氏此言在大洋彼岸究竟有多少实证资料，但我知道，何桥伟的杭大师兄们就曾为此类论断的可信度做出过卓越的贡献。

西子湖畔的四校并局已逾十七个春秋，浙江人至今还喜欢把杭大与浙大分开来谈，还说杭大的毕业生挺有“反串”的本事，经济系出官员，历史系出富豪，浙江许多赫赫有名的地产商就是从那个上课不打铃的历史楼走出来的，一批批名震之江的富翁也是从那里毕业的。如今，年轻的投资者何桥伟也在跟进，这杭大之名怕是再过十年八载也淡化不了。至于富豪与历史专业之间究竟有何因果关联，也许还可深究，愚意以为，“言之必使可行，足以开物成务”的永嘉学派源远流长，流风所及，原本就不难作育务实兴利的商界能手，也许历史专业不过是给那些喜欢实业的有志者提供了人类数千年文明在金戈铁马中演化的宏观视野与古今中外无数文武精英在困境中彰显过人意志与才情的生动素材，更容易拱起“一览众山小”的恢宏胸襟与通透灵变的驾驭之方。倘若彼等乐意改投别的行当，恐怕亦难屈居末流而可有可无，这也是我在粗阅桥伟书稿时不难感觉到的。

桥伟所著本书既蕴含个人投资历程的直白表述，也不乏刻骨铭心的甘苦体验，既有可资借鉴的经典案例，也有光亮飞溅的思想火花，对有志于投资的广大读者，不无阅读和研讨价值。

人生苦短，创业常新。他山之石，可以攻玉。初阅何著，结合我对作者创业之旅的零星观察与了解，谨向读者诸君坦陈如下建议：

一是善待兴趣，守住喜爱。

在遵纪守法的前提下，不妨尽量去做自己喜欢做的事，扬长避短，尽早定位。兴趣是才情的孪生姐妹，也是成功的发动机，如果你不喜欢某份工作，或某个行业，一般来说就很难做出成绩。这就像那些不喜欢读书的人，读了十年甚至二十年的书，与读书有关的证书拿了一大堆，还是难见读出多少真墨水。即便是读到博士生，如果仅仅为谋学历与学位，而不是为兴趣而读，也还是读不好，既折磨导师，也折磨自己。因此，要善待兴趣，守住喜爱。即使不得已去做某件事，只要不是权宜之计，就应该尽量找到乐趣，就像“先结婚，后恋爱”总比“只结婚，不恋爱”好一样，否则，还不如尽早改做别的。

二是专心做事，持之以恒。

天地之间，几乎都是平常人，许多天才都是后来推导和编造出来的。倘若于有生之年对某件事情锲而不舍，或许也能于不经意中成为名流，甚至伟人。重要的是要做什么，像什么，先把事情做好，把产品做精，做出效率，甚至做出美感，追求卓越，让人无可挑剔。俄国化学家门捷列夫说：“天才只意味着终身不懈的努力。”有些人虽然天资聪颖，却因兴趣广泛，做事不专，终生一事无成。做学问是如此，做企业恐怕也是如此。据我所知，无论欧美还是日韩的企业都相对专注，我还没听说过苹果、微软、宝马等知名企业搞了什么全方位和多元化，眉毛胡子一把抓。相反，中国的企业往往在做大之后，很少专注于原来的产品，好大喜功，什么项目都上，好像非此不足以体现“伟大复兴”的气魄与爱国情怀。结果可想而知，只能是分散精力，自残竞争力。因此，要专心做事，持之以恒。

三是整体思维，换位思考。

许多成功的企业家都知道把企业的眼前利益与长远利益结合起来、局部利益与整体利益结合起来的重要性，多从客户的角度做换位思考，把企业行为的出发点定得稍微长远一点，高尚一点。苹果、沃尔玛等知名企业之所以能获得巨大的成功，与其相对高尚的出发点不无关系，它们对客户的尊重并非流于口头宣传，而是渗透在产销全程，讲服务，守诚信。我们的企业如果总是盯着那点私利，甚至骗一次算一次，顶多只是小商小贩，再怎么坑骗，也成就不了一个真正杰出的企业家。企业也罢，个人也罢，唯有双赢，才算真赢。只要不断给客户提供便利，多做客户希望做的事，万千客户其实就是你的团队中人，他们的消费需求及其变化就是你不断研发与创新的动力之源，当你拥有他们时，便可以做大做强，直至成为“无冕之王”。

四是乐观处世，消弭抱怨。

时当社会转型期，我国的社会环境纷繁复杂，物欲横流，诚信缺失，所谓“负面新闻”、“负能量”层出不穷。虽然如此，我们既要坚信明天会比今天好，也要携手积极做出改变，既不要同流合污，也不要整天抱怨。

美国博物学家J.巴勒斯说得好：“一个人可以失败多次，但是只要他没有开始责怪旁人，他还不是一个失败者。”古往今来，许多抱怨者既不是勇士，更不是强者，而只是推卸责任的懦夫。不要指望抱怨能解决问题，只能把情绪搞坏，让事情更糟。与其抱怨，不如正视困难，审思自我，每天多一点阳光，踏实做事，说不准你的某个努力就能改变困境，峰回路转，迎来意外的收获，甚至创造奇迹。

赘言多失，邺架已空。遥望浣纱，谨此匆序。

郭世佑

甲午年除夕之夜初草于北京牡丹园寓所

乙未年三月之望定稿于上海郁江巷桂庐

序二／

七八年前，一个很偶然的机会，我和何桥伟先生在北京的一个老乡聚会上认识，知道他是中国人民大学历史学硕士，做股票投资的，和我算是同行，而且在老家，我们两家之间相距不过 10 公里。第一次聚会，我对桥伟就有了深刻的印象。因为他知道我是做期货的，所以他说了一句："我是彼得·林奇的信徒，期货是真的不敢做的。"一般投资人说这句话我并不惊奇，20 世纪末国内期货市场不规范运作带来的惨痛教训以及期货交易本身高杠杆所伴随的高风险，往往令人谈期色变。但在我看来，桥伟是一个颇有水平的职业投资者，他这么说显然是对自己已有明确的定位，知道自己的能力圈在哪里，自己的短板在哪里，这一点很令我敬佩。

后来，除桥伟有一年多时间去了美国外，每年他都会来我公司坐坐，谈谈自己的股票投资心得。年前，桥伟拿来这本《把脉周期，寻找牛股——一个职业投资者的感悟》书稿，让我看看并写个序。

要给一本股票投资书写点东西，倒真的令我百感交集，感慨万分。我是20世纪90年代初，也就是说中国刚有股票市场不久就参与其中的。但是，从1995年开始，我就全身心地投入期货交易，在相当长的时间内，我的投资命运和参与期货投机的所有人一样，在“天堂”和“地狱”之间徘徊。直到2006年那波牛市开始，我才分出一部分精力投资股票市场，尤其是2014年，我的股票投资力度大幅增加。遗憾的是，我对期货投资游戏太痴迷了，整个20年几乎都深陷其中，所以一直是股票市场的看客而不是参与者。其实，像我这样一个以技术为主的投机者，最理智的做法是：密切关注金融市场各种各样的机会，哪儿趋势最强、赚钱最容易，就去哪里。股票市场有机会就做股票，期货市场趋势明显就做期货。亡羊补牢，犹未晚也。从2015年来看，大宗商品市场矛盾重重，今后一段时间很难出现大级别的趋势性行情，我用不着苦苦守候，等着柳暗花明，旁观、放弃即可。另一方面，国内股票市场却可能有趋势性的大机会，值得我高度关注和参与。

经过20多年的风雨洗礼，中国股票市场越来越成熟，投资者的投资水平也大大提高，市面上关于投资的书五花八门，汗牛充栋。桥伟这本《把脉周期，寻找牛股——一个职业投资者的感悟》我读后有以下几点启发：

首先，要从经济政治周期、行业周期角度来分析资本市场，分析股价波动，把握投资机会。开个玩笑，桥伟似乎看不上我这个趋势跟踪交易者，但按照我的理解，所谓的大周期分析得出的投资机会，和我们这些跟踪重大趋势变化的投机者的思路其实是殊途同归的！

其次，中国任何时候都不缺牛股，关键是投资者要有大智慧，与时俱进，努力学习，善于思考，培养发现大牛股的眼光和抓住大牛股的胆量。

再者，学历史出身的桥伟拥有深厚的金融历史意识，因而有一股淡定从容的投资精神，面对不可避免、起起落落的投资人生，不悲观，不抱怨，不急不躁，始终积极乐观地寻找符合他自己的标准的投资机会，这种心态值得学习。

拉拉扯扯，废话不少，止！是为序。

青　泽

北京青泽投资公司董事长

《十年一梦》作者

2015 年 2 月 28 日

1

前言／

改革开放尤其是近十年来，中国经济和社会发生了翻天覆地的变化，取得了令世人瞩目的成就。汽车、商品房开始进入普通百姓家庭，资本市场也从无到有，从小到大。如今，沪深证券交易所每天超过万亿元的成交量已成为一种常态，这与十余年前上交所每天只有几十亿元的成交量相比，真有天壤之别。以前银行只是百姓存取钱的场所，如今几乎每个银行营业部都充斥着理财产品，社会真真切切进入到了一个理财时代。一个新的职业——职业股票投资者——应运而生，我就是其中一员。

大多数证券界的精英早年曾读过名牌大学商科，毕业后长期在证券公司、银行、保险公司、基金公司等金融机构磨炼成长。这些令人炫目的背景与我无缘，我阴差阳错地学了七年历史，在国家机关混迹十余年后才离开职场，从事专业股票投资。哈佛大学校长曾说，如果你不去尝试做你喜欢的事，如果你不去追求你认为最有意义的东西，你会后悔的。人生之路很长，总有时间去实施备选方案，但不要一开始就退而求其次。这句话说得太好了！我自己也是这样，为了心爱的投资事业，毅然辞掉央企前景颇好、待遇优厚的职务，东碰西撞，一路走来，无怨无悔。如今，就算是前面还有千难险阻，我还将勇往直前，一路前行，在这里不懈探索人性和社会。

不做自己喜欢的事会后悔一辈子，而一旦做自己喜欢做的事，则会有意想不到的艰难，这一点在我身上也得到了印证。但与很多投资者相比我是幸运的，因为没有在资本市场上被消灭，至今仍活跃在证券投资市场。十余年的职业投资生涯，不同寻常的磨炼，让我越来越见识到股票投资的魅力，越来越喜欢股票投资。这是因为：第一，与其他行业相比，股票投资没有天花板，可以做到无穷大；第二，跟实业比，转型快，在买卖间轻松完成转型；第三，投资是真正的轻资产，是一门需要大智慧的职业。

与许多悲观者不同，学历史出身的我既懂得中国的过去，更清晰地看到中国的现状，所以从不悲观，从不抱怨，始终积极乐观地寻找符合自己标准的上市公司。当然，实战中既有许多成功的案例，也有不少惨痛的教训。我认为，真正值得投资的公司大体分为两种：一是行业周期开始出现拐点，未来行业向好可以预见，这其中优秀公司的涨幅将更大，如 2015 年上半年的农业养殖行业，当时行业景气度正在慢慢回升；二是寻找未来有无限成长空间的公司。用望远镜来做投资，用股权投资的眼光来做投资，通过人口结构的变化来探寻未来的优势行业，如中国的人口老龄化将会给养老、医药、医疗产业带来巨大机会，近年来也出现了很多。通过阅读书本和大千世界，坚持理性，独立思考，把脉未来，寻找真正的大牛股。资本市场每年都会出现不少的牛股，看似杂乱无章、毫无头绪的牛股，其实背后大都跟周期有关。周期又可分为行业周期、企业周期和资本市场自身的周期。对于资本市场的周期，投资者比较容易理解，就是当大量社会资金流入股市时，水涨船高，大部分股票都会有表现强势的机会。但这样的年份不常有，2006年至2007年是大牛市，2014年年底至2015年6月也是，大约七八年来一次。在大部分时间内，流入股市的资金和资本市场的扩容相互抵消，更多的只是结构性机会，牛股自然也主要集中在行业周期持续向好的优秀公司。

这是一个创造奇迹的时代，阿里巴巴、腾讯在短短十多年时间里取得的巨大成功便是明证。中国的资本市场也有20多年的发展史了，从小到大，从不成熟到慢慢成熟，一代一代的投资者前赴后继，而属于投资的时代迟早会到来。我坚信，拥有互联网特质的投资同样能缔造神话，中国式的巴菲特也迟早会出现。所有的投资者都期待着这一天，我认为这不仅仅是产生一个巨富，更重要的是将开启一个时代，意味着中国转型的真正成功。

在风高浪急、险象环生的股市里一路走来实属不易，尤其是在2011年以后，中国社会全面转型，上证指数长期在2000多点徘徊。我也确实经历了常人难以想象的艰辛和努力，中间也曾埋怨过、悲观过、彷徨过，但最终，持续的努力换来了回报，当绝大部分投资者还在迷茫时，我已经醒来，慢慢悟出什么叫转型，什么是投资的真谛。长达十余年的投资实践，使我对中国股市有了独特的认识，并逐渐养成了适合自己的投资风格。我的经历也多少应了传说中的鹰的故事。鹰是世界上寿命最长的鸟类之一，可达70岁。据说要活到那么长的寿命，鹰在40岁时必须做出困难却重要的决定——150天的漫长蜕变。鹰必须很努力地飞到山顶，在悬崖上筑巢，并停留在那里。鹰首先用它的喙击打岩石，直到其完全脱落，然后静静地等待新的喙长出来。鹰会用新长出的喙把爪子上老化的趾甲一根一根拔掉，当新的趾甲长出来后，鹰便用新的趾甲把身上的羽毛一根一根拔掉。新的羽毛长出来后，鹰重新开始飞翔，继续度过30年的岁月！

不管鹰的故事是否属实，2011年至2012年期间，我的投资遇到了前所未有的困难，经历了一次常人难以想象的蜕变。正是这次难得的经历，不仅让我明白什么才是真正的投资，而且使我在内心深处树立了无比坚定的投资信念。如果说2008年让我从一个普通的股民成为一个职业投资者的话，那么2011年至2012年的历练则让我完成了一次艰难的转型，成为一个投资信念无比坚定的职业投资者。而我的核心投资理念就是把脉周期，寻找成长，核心关键词就是基因、信念、修炼。

在我看来，投资绝不是一朝一夕的事，而是一辈子的事，是一场到死才终结的马拉松比赛。我不追求某一时段天才般的投资，我追求的是持续、稳健的投资，追求的是在市场上活得足够长，以延续更长的投资生涯。我不在乎自己能赚多少钱，更在乎自己能否帮助更多的人实现财富的持续增值。改革开放以来，物质繁荣也带来了很多副作用，道德滑坡、信仰缺失、环境污染等社会乱象层出不穷，对此我从不悲观，更不抱怨，对未来信心满满，坚信明天总会比今天好。虽然短时间内我改变不了整个社会，但可以改变自己，影响身边的人，并始终坚信：星星之火，终可以燎原！

目录
CONTENTS

第一篇
投资历程

衡量一个人的成功标志，不是看他登到顶峰的高度，而是看他跌到低谷的反弹力。

——巴顿将军

投资需要不错的数理基础，更需要很好的人文修养。

——本书作者

人生如梦，一个中学时代数理基础甚好、没有一点国学基础的质朴厚道的农家子弟，阴差阳错地考入杭州大学（现为浙江大学）历史系，并为有一条好的出路而攻读了中国人民大学历史学硕士研究生。工作后不久，又染上“股瘾”，一发不可收拾，在 2006 年至 2007 年一轮史无前例的大牛市中靠运气和勇气掘到第一桶金后，于 2008 年年初辞职下海，走上职业股票投资的“不归路”。特别是在 2008 年以后，我的投资人生几经起伏，其间经历的艰辛和付出的努力，局外人很难体会。福兮，祸兮？我也不清楚。但有一点是肯定的，年轻时一路苦读，十年寒窗只为“跳龙门”，却不知自己的出路在何方，最终能在哪个行业落脚耕耘。如今，我的灵魂被资本市场所吸住，不管前面有多少艰难险阻、刀山火海，我也将一如既往地从事自己喜欢和热爱的投资事业，用一生的心血来学做投资，不懈探索人性和这个独特的社会，并努力用自己的智慧和投资经验为更多的人服务。

1

第1章　鬼使神差，与股票结缘

很多人都会问我一个同样的问题：你学历史怎么会把股票投资作为终身职业？你做股票的优势何在？你为什么要放弃待遇优厚，在外人看来相当不错的机关工作？

命运常常会和人开很大的玩笑，与现在做股票投资一样，我做梦也没有想到大学会去学历史，并且还在考研究生时成绩名列前茅，顺利被当时众多文科学子梦寐以求的中国人民大学录取。中学时代酷爱数理化，虽不能说拔尖，但对数理知识的敏感和钻研精神，至今仍历历如昨。如今，一半左右上市公司的代码、市盈率、市净率及基本的财务数据我都能随口报出，这或许正是得益于此。高中文理分科时选择读文科已十分不愿意了，很多历史、地理知识（当时我们都把它们当作副课）直到高二才开始恶补，足见当时对文史的不重视和我们这一代文史知识的薄弱。本想大学读经济相关的专业，但人算不如天算，高考第一、第二志愿的金融、旅游经济与我无缘，却被最后一个志愿历史专业录取，当时的心境真有点万念俱灰。如今仍记忆犹新的是，上大学的兴奋对我来说一点也没有，对一个记性极其不好，对文史没有什么浓厚兴趣的农家学子来说，命运确实开了一个不大不小的玩笑。幸好我是天生的乐观派，顺其自然，努力向前走。

当年，社会上盛行上大学考60分万岁的学风，加上我们这代人的国学功底普遍薄弱和对历史的兴趣不浓，“文化大革命”时代“学好数理化，走遍天下都不怕”的不良遗风还有相当影响力。很多同学，包括我自己在内，大学时代很多宝贵时间都是在游山玩水、四国大战（军棋的一种玩法）和看电影中度过的，现在想来，如此浪费青春年华实在太过可惜。当然，我或许也要感谢这段时光，感谢让我有机会学历史，亲近历史。现在，除了股票投资外，我的业余时间多用来研习历史，希望能从历史隧道中把脉社会的未来发展方向，发现投资的灵感和真谛。这也应了美国20世纪八九十年代著名的投资大师彼得·林奇的一句话：学历史或哲学某种意义上比学数学或统计学更适合做投资。如今中国的资本市场，绝大多数经得起时间检验的都是老祖宗留下来的品牌，如白酒中的贵州茅台（600519）、五粮液（000858），药品中的云南白药（000538）、东阿阿胶（000423）、同仁堂（600085）。有一点是可以肯定的，未来还会有一些大牛股在中国的老字号中产生。

从有记忆开始，我虽时有自由散漫的念头，但总的来说还是埋头苦读的时候更多。在20世纪八九十年代，除了千军万马挤独木桥考大学找工作外，我的内心别无他念。艰苦的努力加上上天的恩赐，使我终于如愿从研究生毕业，并进入国家大型机关工作。在当时，一张全国通行无阻的铁路硬卧免票乘车证足以让同学和同龄人羡慕不已，而我自己也觉得通过多年苦读和艰辛努力，实现了从农家子弟到国家机关工作人员的华丽转身，颇为春风得意。

按理说，借着改革开放、社会变革日新月异、财富急剧膨胀的大好形势，我辈在国家机关好好工作，脚踏实地，按部就班，徐图升迁，过上安稳富足的日子应该不是一件很难的事。但命运又给我开了一个令人啼笑皆非的玩笑，读书期间与任何经济学课程无缘的我一不小心与股票结缘，并如同鸦片一样，染上股瘾，一发不可收拾。在 2006 年至 2007 年梦境般的大牛市中，我依靠运气和勇气奇迹般地掘到第一桶金并自诩“股神”后，毅然放弃了优厚的机关工作，辞职下海，开始了职业投资生涯。所谓人生如戏，在我身上得到了淋漓尽致的反映。

误入“股”途的起因是这样的。研究生毕业后，我的大部分同学进入国家政府机关和文化单位（如出版社、研究所）工作。与他们不同，我的工作单位是从事经济工作的，股市在 1997 年也是一片火热，我所在的办公室，上到局长、处长，下到科长、科员，不少人热衷于炒股和谈股。印象最深的是，中午吃饭和午休时间，不少同事低声议论股票，或到会议室从电视上看股票上午收盘情况（央视一台午间新闻结尾有行情显示）。当时办公室只有打字机，还没有一台电脑，更不要说网上交易了，只能通过电话委托。那时的我对股票真是一窍不通，连涨停板、跌停板是什么都不知道。更为可笑的是，有一位领导由于工作忙想让我去证券营业部打一份交割单（当时电脑还未普及，用BP机看股票行情也是21世纪初的事情），我却因不知交割单为何物而只能作罢。现在想来，早年无缘股票大概是因为那时学科分割现象比较严重，再加上自己孤陋寡闻，对社会新鲜事物知之甚少。而且研究生刚毕业，月工资不足千元，要维持自己和女朋友（当时还在攻读硕士学位）的生计已属不易，更别奢谈股票投资了。

记得上班不到一年，1998年碰巧遇上东南亚金融危机，政府为了拉动经济，扩大基建投资，纷纷启动铁路项目，内昆铁路（四川内江至云南昆明）就是在这个时候启动的。我们单位流行一种说法——要想富，指挥部。这是因为，除了机关工资收入外，项目部由于长期在外工作，还可以另发在当时看来不菲的补贴。加上我刚离开学校，没有工作经验，更没有基层锻炼经历，为了体验基层工作和生活，摆脱贫穷，就主动请缨，宁可与心爱的人远隔千里，两地分居，也要求去一线指挥部。在领导的关怀下，我如愿以偿，应召出征，在四川宜宾留下了许多美好的回忆，同祖国西南边陲的地形、地貌、民众生活有了亲密接触，至今仍如同昨日，往事依然清晰可见。也正是在酒花飘香的宜宾，因收入增加略有余钱，更为重要的是，为了学习股票知识，我不怕被同事笑话，毅然开户，时间是1998年12月的某一天，那天宜宾证券营业部人头攒动的场景，柜台开户的情况，第一次委托下单时的紧张，使我终生难忘。很清楚地记得，那一天上证指数1000多点，我挤在人群中，睁着大眼睛盯着大屏幕里迅速变化的股票价格，一些股票的名字闻所未闻，如龙头股份（600630）、爱使股份（现已改名为游久游戏，代码600652）、界龙实业（600836）等。当时我很谨慎，不敢买这些不熟悉名字的上市公司的股票，在稍微比较后，就看上了邯郸钢铁（现已与唐山钢铁、承德钒钛合并重组为河北钢铁，代码 000709）和方正科技（600601），经过 20 多年的社会发展，这两家公司已日薄西山，股价都曾跌到一两元上下，但当时可是响当当的好股票，可谓家喻户晓。邯郸钢铁（000709）是全国成本管理的典范企业，方正科技（600601）激光照排更是誉满天下。我对这两只股票日后的表现记忆犹新，邯郸钢铁（000709）在我买了之后有一两个月纹丝不动，直到 1999 年春天的某一天突然涨停，一度成为市场的风向标。方正科技（600601）更是表现抢眼，成为 1999 年“5·19”行情的领头羊。遗憾的是，其在连续拉涨停前我已经把它卖了，后悔莫及，而这也是我现在只要看好的股票，就一定不会全部卖出的缘由。

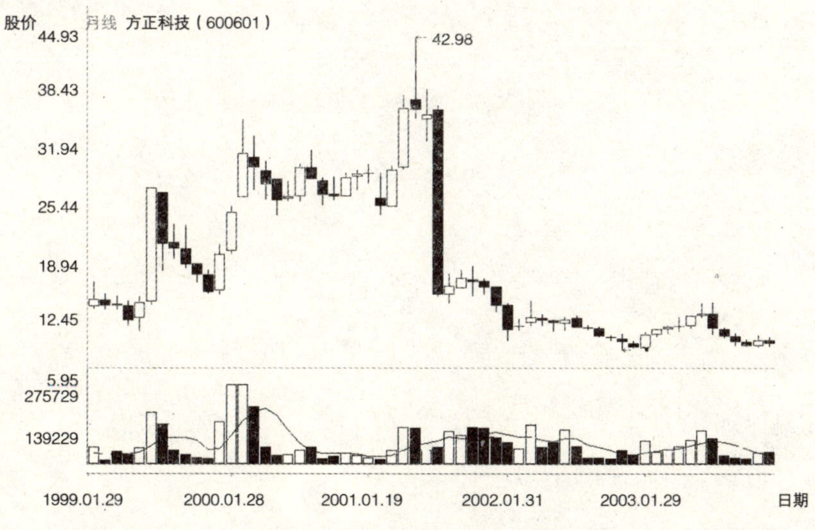

图1-1　方正科技（600601）1999年至2003年月K线走势

开户时怀揣2000元全部家当勇敢入市，买了100股邯郸钢铁（000709）和100股方正科技（600601），从此平静的工作和生活之余，我又多了一份关注和牵挂。当时，我的入市动机完全是为了学习，增长一点投资知识，但就是这么偶然的一件事情，日后不仅改变了我的工作和生活轨迹，也改变了我的命运，而且潜移默化地影响了我的性格（我原来很内向，不善言辞，现在与人交流、讲课是我的最大享受）。这是我当初始料未及的，回想起来，如今也是感慨不已。

第2章　学徒时期付出沉重代价

1998年年末至2005年的近七年时间是我股市投资的第一阶段，是学徒时期。我跟现在的大部分散户没有什么区别，由于对市场的无知和经验不足，操作交易的随意性很大，喜欢听消息，大牛市挣小钱（入市后不久即遇上1999年“5·19”井喷行情）、小牛市不挣钱、熊市赔大钱等困扰一般股民的问题我都经历过，失败的教训举不胜举。普通投资者常犯的错误我都犯过，主要可以归纳为如下三点。在我看来，这三点也是如今投资者不赚钱而赔钱的主要原因。

（一）买卖股票的随意性很大，所买股票如今大多表现一般

2005年前，我买卖股票跟绝大多数投资者相比，并没有任何高明之处，主要根据朋友消息和网络财经媒体的股评买卖股票。这段时间，我先后做过不下50只股票，主要有邯郸钢铁(000709）、方正科技（600601）、北

京城建（600266）、海王生物（000078）、万杰高科（现已重组为鲁商置业，代码 600223）、中关村（000931）、清华紫光（现已改名为紫光股份，代码 000938）、浦发银行（600000）、四川长虹（600839）、深康佳 A（000016）、长城开发（现已改名为深科技，代码 000021）、世纪星源（000005）、浙大海纳（现已改名为众合科技，代码 000925）、托普软件（现已退市）、赛迪传媒（现已改名为南华生物，代码 000504）、宝钢股份（600019）、江钻股份（现已改名为石化机械，代码 000852）、金瑞科技（600390）、中新药业（600329）、国栋建设（600321）、科龙电器（现已改名为海信科龙，代码 000921）、青岛海尔（600690）、五粮液（000858）、云南白药（000538）、美克股份（现已改名为美克家居，代码 600337）、广东榕泰（600589），等等。

历史的车轮已经驶过十余年，现在回头来看我当时做过的股票，除了五粮液（000858）、云南白药（000538）表现还算可以外，绝大部分当时红极一时的股票，如中关村（000931）、清华紫光（000938）、浙大海纳（000925）、托普软件、赛迪传媒（000504）、方正科技（600601）等，如今已成明日黄花，有的甚至已经退市。在中国经济高速发展的十多年时间里，我选择的大多数公司的股价表现相当一般，根本经不起历史的检验。假设当时我没有卖出这些股票，一直持有到现在，虽然经历了几轮牛熊交替，上证指数也从我当初入市时的 1000 多点上涨到 2015 年 9 月的 3000 多点，但我的账面增值也并不是十分显著。因此，从某种意义上来说，投资股票的风险还是很大的。我当时买的股票有 90% 都昙花一现，可见当时我的选股能力糟糕透顶，一点历史眼光都没有，所学专业没有发挥应有作用。还好在那个时代，它们都有过亮丽表现，我很早就走掉了，要是不及时清仓，一直持有到现在，不知道要缩水多少。过去十年是中国经济发展最快的十年，但很多股票就像是坐过山车，最终都回到原点，表现都不是很好，一些甚至已经淡出了人们的视线；未来十年，中国经济转型艰难、复杂和曲折程度难以形容，股票投资的难度也就可想而知，选择能经得起时间考验的好股票就显得尤为重要了。

投资者选股水平差是赔钱的主要原因，所买股票处在长期下跌通道中，但还以为是只好股，大有打死也不卖的英雄气概，还时不时加仓，结局可想而知，损失极其惨重。令许多投资者弄不明白的是，股票并不完全以价格高低来说好坏，也不以市盈率、市净率高低来论英雄，好股票上不封顶，没有最高，只有更高，像当年的贵州茅台（600519）、上海家化（600315），后来创业板中的乐视网（300104）、东方财富（300059）等。坏股票也就是绩差公司的股票价格下不保底，没有最低，只有更低，某天退出历史舞台也完全有可能。2012 年 7 月 27 日，上交所发布《上海证券交易所风险警示股票交易实施细则(征求意见稿)》。2014 年，我国的退市制度更趋完善，A 股的“仙股”时代离我们已经不会遥远，投资者必须高瞻远瞩，用历史眼光选择好股票才是制胜法宝。

（二）频繁交易，拿不住股票，吃不到主升浪，蝇头小利便撒腿就跑

很少有买房子亏钱的，道理很简单，买卖房子不会太频繁，大都买了以后，若干年后才出手，殊不知，股票甚至商品投资也是这个道理，所谓长线是金。

1999 年 5 月 19 日，方正科技（600601）主升浪的前一天，我在该股上每股只挣 1 元多钱就卖了。第二天开始该股连续无量涨停，当时的痛悔非股市里浸淫多年的人是不能感受的，踏空比套牢更难受在某种意义上说也是有道理的。

买了就跌、卖了就涨是几乎所有投资者都遇到过的问题，这也是日后我崇尚价值投资、长期投资的原因。只有当股价被严重低估，同时还出现行业、公司向上拐点时，我才买入股票，且大部分筹码要到价格发现时我才出手。

想必每一个投资者都买过牛股，但大都赚了点零头就走了，后来又买入一只不好的股票，牢牢套住。这样周而复始，能不赔吗！

（三）追随趋势，追涨杀跌

常常会有狂热喜欢投资的大学生，其中不乏清华、北大、人大等名校的高才生，前来向我请教投资问题。我基本上先表示两层意思：一是最好不要做投资，尤其是在中国，一旦把投资作为自己的终身职业，道路之曲

折会难以想象。美国投资大师巴菲特曾说：不是我厉害，而是美国太厉害。这也就是所谓的时势造英雄。中国经济和社会还处在艰难转型期，在转型成功之前，资本市场走势注定充满曲折性和复杂性，这也注定了职业投资者的投资事业一定会充满荆棘，付出和回报在特定时空内可能会不成正比。当然，如果天赋不错的话，坚持下去，修炼到一定程度，树立属于自己的坚定的投资信念，确有可能看到意想不到的风景。二是如果真的要做投资，最好做价值投资者。道理很简单，不仅在中国，而且在全世界，成功的价值投资者还是比较多的，而通过以技术分析为基础的趋势投资获得成功的

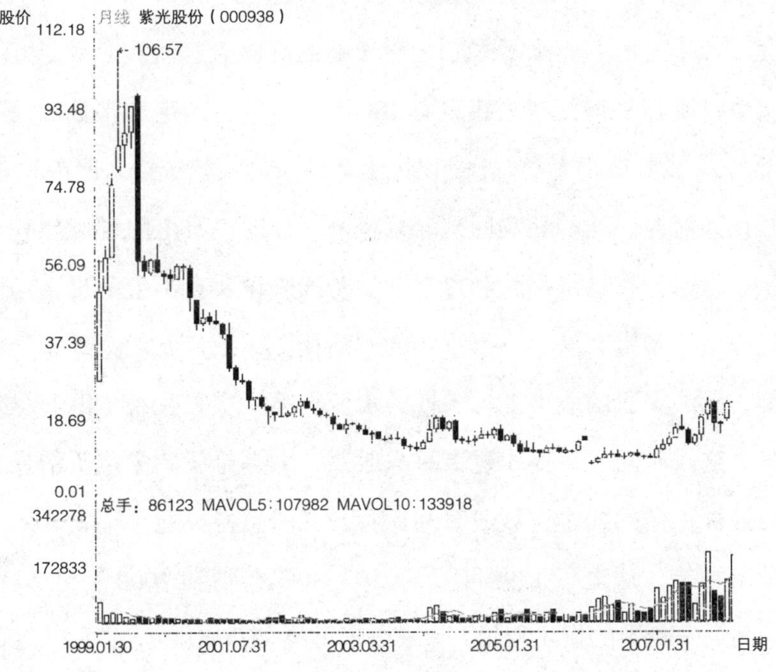

图2-1　紫光股份（000938）1999年至2007年月K线走势

可谓凤毛麟角。2015 年 5 月，巴菲特在股东大会上表示，价值投资同样适合中国。对于这一点，我深信不疑。我身边曾有一个十分成功的投资者，因赚了很多钱辞职做了一名职业投资者，这两年因追随趋势，追涨杀跌，损失惨重，资产缩水 80% 左右，真为他扼腕痛惜。

在早年的投资生涯中，这样的例子在我身上也经常发生。1999 年至 2001 年的大牛市中，和现在一样，当时中国跟风美国，掀起网络、科技旋风，我曾以 100 多元的高位价格追涨买入清华紫光（000938），后来该股绵绵下跌，终于亏损出局。

自 1999 年 3 月股市渐渐转暖，我手中的 100 股邯郸钢铁（000709）在被套了几个月后突然来了一个气贯长虹的涨停。这使我激动了好几天，但其实也没赚什么钱，因为我只有 100 股。之后，与绝大多数股民一样，我觉得“炒”股赚钱很容易，于是便把生活所余的钱统统投入股市。2001 年，我离开让人流连忘返的宜宾回到北京机关工作时，身上除了股票外没有任何存款。当时，我觉得存款利息对“炒”股来说实在不值一提，遂成了一个热衷股市、频繁交易、不折不扣的“赌徒”，把自己的全部家当押在变化莫测、无法驾驭的股市上，人性的贪婪也第一次在我身上淋漓尽致地折射出来。这段时间，我操作过上百只股票，大多是凭感觉或听消息（我有一个在报社工作的同学，炒股时间比我长，消息特灵通）买卖。由于那时整体市况不错，遇上了 1999 年“5·19”井喷行情和 2000 年至 2001 年上半年期间近一年半的慢牛行情，除了方正科技（600601）、中关村（000931）在股价连续涨停前抛出而与暴利失之交臂外，其他都挣点小钱了结，亏钱割肉的倒不多。

总的来说，我当时的投资业绩、选股水平毫无称道之处，与普通股民相比没有任何高明的地方。入市时上证指数1000多点，至2011年6月14日，上证指数达到2245点，指数上涨125%，我的投资回报率却不到30%。不仅可以说是一塌糊涂，而且连一点投资逻辑、投资理念都没有。还好在当时的市场，由于市场容量小，基本上什么股票都有表现机会，要是现在，可能会像大部分投资者一样，巨亏是不可避免的。按照现在我对专业投资者的理解，一个较为优秀的投资者至少要跑赢上证指数，否则他在资本市场将无立足之地，被市场扫出大门甚至破产将是迟早之事。按照这样的标准，当时我离入门还差得很远。

我明知自己无论宏观上对股市中长期趋势还是微观上对上市公司股价波动规律都没有一点把握，但仍如同吸鸦片染上“毒瘾”一样，不能自拔。每天上班，只要一有时间我就会看BP机里的股市行情，通过电话频繁交易。股票占据了我的大部分业余时间，有时上班时间也难免分心，长此以往，股票投资没做好，工作都受到影响，刚上班时对工作的认真和兢兢业业以及对未来的美好憧憬已荡然无存。当时，无论是工作还是投资，对未来我一点信心也没有，就像一头迷失的羔羊，既迷茫又痛苦。

第3章 “幸运之神”悄然而至

（一）侥幸躲过2001年股灾

2008年至今，中国股市发生了翻天覆地的变化，过去一损俱损、一荣俱荣的局面出现了根本性的改变，我的人生也经历了从未有过的跌宕起伏。人是情绪的动物，每次市场跌到谷底，内心的煎熬局外人很难体会，无法用言语来表达。究其原因是由于过分贪婪，执行力不强，每当股市运行到一个高位，明知可能调整或将大幅下跌，有时还直言不讳地告诉股友，如2011年5月21日前我在不同场合表态股市将要下跌，但自己的仓位依然高达八成左右。这说明，我在股市摸爬滚打十多个年头之后，在趋势判断和仓位管理上还需不断修炼，远未达到成熟的境地。早在2001年，我连一点风险管理的意识都没有，能够躲过股市暴跌，可谓纯属偶然。事情的起因是这样的，在长三角某一中等城市一直从事客运工作的大哥想买大客车跑运输，缺资金向我求援。我觉得前几年股票也没炒好，还不如支持一下，于是二话不说在股市暴跌前不久，几乎把所有的股票卖掉了，侥幸逃过了这一轮股灾。应该说，我现在的投资水平与当时已经不可同日而语，但有趣的是，这是我至今为止最成功的一次逃顶。

（二）“幸运之神”悄然而至

虽然 2001 年股市大跌前，我的股票资金基本上已经撤离，但我心里仍如赌徒一样，一刻也没有离开过股市，密切关注着股市的涨跌，并把生活之余的积余又全部投向亏多赚少、自己还没搞明白的股市。当然，投入股市的钱全是我们小家庭的自有资金，还不敢举债“炒股”，因为我深知自己的技术还差得很远。2001 年下半年，我调动工作，离开了十分繁忙的部门，来到相对轻松的业务部门，主管企业改革改制工作，工作一下子放松、悠闲了许多。这样一来，我就有了大量时间关注和研究股市。2001 年至 2005 年，市场持续调整，庄股纷纷崩盘，如德隆系的湘火炬（现已重组为潍柴动力，代码 000338）、天山股份（000877）等，投资者亏损累累，而曾经牛气冲天的大机构如南方证券、德隆集团等，也纷纷破产倒闭。市场调整时间之长为中国 20 余年股市里前所未有，百姓谈“股”色变，上交所每天只有几十亿的成交量。2010 年至 2013 年市场尽管低迷，但与 2001 年至 2005 年相比，实在是小巫见大巫。因为尽管市场不好，但毕竟还有不少亮点，如每次反弹，总有股票价格创出新高，创业板也一直颇为活跃，上蹿下跳，2013 年还走出独立的翻番行情。在当时的低迷市道，加上我选股水平的低下，错过了“五朵金花”(钢铁、汽车、石化、能源电力及金融板块)行情，炒股亏损是可想而知的，幸好手上没有多少钱可以投入。

虽然业绩一直欠佳，但股市的魔力仍旧巨大，我依然十分幼稚地觉得股市是能赚钱的，人性的贪婪和不服输再一次在我身上反映得淋漓尽致。也许是功夫不负有心人，多年关注市场之后，终于慢慢地摸出了一点门道。也许是上天的有意安排，2005年上半年我的股票市值涨幅与同期上证指数相比，开始明显超越。2005年1月4日的上证指数收在1266点，至2005年6月1日收盘指数为1089点，下跌14%左右，同期我的股票市值几乎没有缩水，半年时间跑赢上证指数14%。虽然没有挣到钱，但在市场大幅下跌，在重仓操作（这是我一贯的操作方法，至今都仍未彻底改变）下取得这样的业绩让我十分满意。期间，还有自己独立完成的成功案例两面针（600249）。虽然近年来两面针（600249）经营持续下滑，早已淡出我的投资视线，但在2004年刚上市的时候，它曾相当红火，号称中国的高露洁。加上我对重复消费品有天生的偏好，关注该股是很自然的事。2005年，我曾重仓过两面针（600249），当时买的逻辑至今都十分清晰：一是上市后没有什么表现，已经跌破发行价；二是两面针（600249）作为民族品牌，未来有可能成为中国的高露洁，6元多的价格实在太便宜了；三是有一段时间两面针（600249）收盘前总有大单，资金吸纳十分明显。正是基于这样的逻辑，我就趁机果断重仓买入。果不其然，接下来，两面针（600249）在市场不景气的大环境下，逆势上涨40%以上，我也第一次凭自己的判断赚到了超额利润，并且全身而退，由此也就更加坚信股市是可以凭智慧赚钱的。

现在想来，2005 年上半年我之所以能取得如此意想不到的业绩，主要原因是：长时间关注市场后我开始思考股市尤其是上市公司具体股价在短期、中期、长期内的波动规律，而不再盲目听从消息，并对上市公司仔细研究，开始考虑公司股票的内在价值，反复琢磨介入和退出的时间。

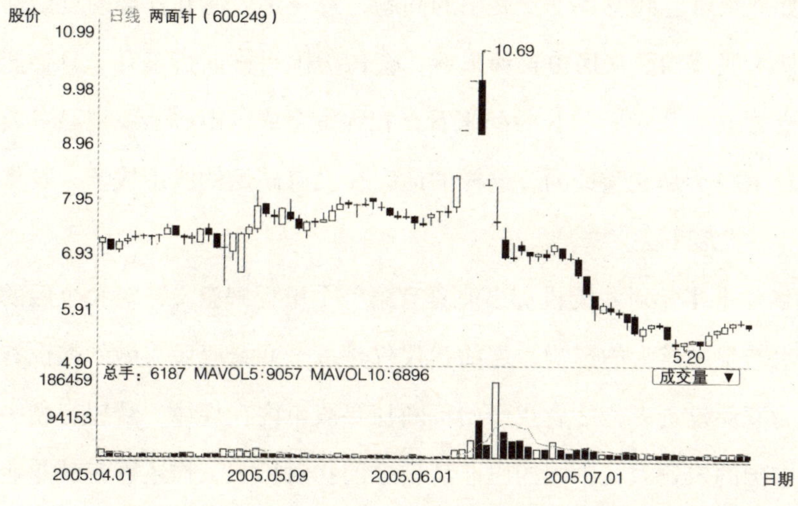

图3-1 两面针（600249）2005年4月至7月日K线走势

股市里有一个颠扑不破的真理，那就是要想在残酷的资本市场，尤其是中国股市长时间生存下来，成为一个优秀的投资者，最基本的一条就是要持续跑赢市场。简单地说，就是在市场上涨时，你能超过同期市场的平均涨幅（大盘指数），比一般人赚更多的钱；在市场下跌时，你的股票 的跌幅能要小于市场的平均跌幅，比一般人赔更少的钱。全球顶尖级投资大师沃伦·巴菲特在《滚雪球》、彼得·林奇在《战胜华尔街》和《成功投资》中，都多次提到了跑赢市场的“秘诀”。2005 年上半年持续跑赢上证指数后，我开始意识到投资大门已经悄悄向我打开，我开始慢慢入门了，幸运之神已经降临，并且恍恍惚惚地觉得没准自己能在股市上杀出一条血路。我当时的想法很简单，就是因为社会是不断发展进步的。当然，那时我远远没有想到具有五千年灿烂而悠久文明的中国会如此复杂，经济、社会的转型会如此艰难。我忽视了发展中的问题，忽视了人性和社会的复杂性，坚定地认为股市指数从历史长河来看，会像美国一样曲折攀升。只要能每年跑赢指数 10% 以上，从长时间来看，扣除资金成本 10%（我把融资成本算作年息 10%）是能赚钱的。这样的话，在没有硝烟的股市战场，我将能长期生存并发展下去。

2005 年上半年对我的投资事业具有第一个里程碑意义，对我今后的工作生活也产生了巨大的影响。之前我仅仅是一个业余股民，做梦都没有想过要成为职业投资者，之后我开始不断探寻股市内在规律，梦想有朝一日能成为中国的投资家，中国的巴菲特；之前我对机关工作还算兢兢业业，之后我对原来的工作已无兴趣，大有“行尸走肉”的感觉，我把更多的时间投入了股市研究和实战中。

我深谙股市投资就是以钱生钱，没有钱根本无法在市场上施展才华，在 2005 年能跑赢市场（上证指数）以前，我都是用小家庭自有结余资金投资，最多的时候不过 10 万元左右，也不敢举债投资。之后我对投资有了自己的认识，并且对未来抱有必胜的信心，觉得靠自有资金无法满足投资需求。于是，从 2005 年下半年起，我开始向关系比较密切的领导、同事和朋友宣讲自己的投资理念，不少人被我的真诚所打动，加上我长期为人诚实厚道，纷纷主动借钱给我投资股市（至今我仍抱着自愿加盟的原则，从不主动开口借钱）。

现在想来，人生这条小船一开始并不知道航向，更不知道要驶向何方，但总有一种不可抗拒的力量在左右着你。要是从小不酷爱数学，对数字不是特别感兴趣，特别敏感，我想自己走上投资之路的可能性就不大。现在，我能报出上市公司一半以上的股票代码及市盈率、市净率等相关数据，这对一个数理不太好的人来说是难以想象的；要是不学历史可能也不会成为职业投资者。尽管学生时代也没好好学，只学了点皮毛——一个涉世不深的毛头小孩是很难读懂历史背后的真正内涵的，但这些对我后来在资本市场经历多次风雨后不断探索人性、社会和经济发展轨迹，对我投资理念的逐步形成起到了巨大的作用；要是当初研究生毕业后不进入从事经济业务的国家机关，也许至今我还不知道股票是怎么回事，也就不可能对中国资本市场有一个整体上的感性认识，而这是一个优秀的投资者必须具有的素质；要是一直在机关中枢工作，整天被事务性工作、会议缠得焦头烂额，哪还有时间和心思关心股市，更谈不上探寻投资规律了；要是没有人支持我，光靠微薄的家庭结余也是不可能走上职业股票投资之路的。人生就是这样，一大堆偶然性的事件都发生在一个人身上，我做梦也想不到此生会与股票结缘，并且誓将股票投资作为终身职业。

第4章　2006年至2007年大牛市的辉煌

在完整地经历1999年至2005年牛市、熊市的历练后，于2006年气势磅礴的牛市来临之际，我不仅在心理上做好了准备，而且准备了充足的“弹药”，时势造英雄，2006年至2007年我凭借初生牛犊不怕虎的勇气和胆略，创造了比绝大多数公私募基金都优秀的骄人业绩。

（一）满仓出击

2006年至2007年轰轰烈烈的大牛市发端于2005年年初的股权制度改革，实际上是2001年至2005年长期熊市，股市持续低迷的结果。当时，沪市成交金额只有40亿~50亿元，现在的年轻人很难体会到当时市场之低迷。此外，这一轮牛市也是中国经济改革开放以来持续强劲增长在股票市场上的宣泄和淋漓尽致的表现。2001年至2005年我国宏观经济表现十分亮丽，汽车开始在大城市普及，这在以前的国人眼里是想也不敢想的事，我也是在那个时代学会开车并买车的。商品房在南方城市（如上海、杭州等），已经历过一轮暴涨，北京的商品房则刚开始崭露头角。北京是私家车普及最早的城市之一，但商品房的发展在 21 世纪初与南方大城市相比较为滞后，原因之一是北京市民对商品房的需求开始时不是特别强烈，中央政府、中央各级企事业单位云集的京城，单位员工基本上都可以享受福利分房。

现在，很多人把 2006 年至 2007 年的大牛市归于股权分制改革，这在我看来是有失偏颇的。可以说，我是那一阶段资本市场的亲历者与见证者。当时，管理层发布股权分制改革的消息时，市场一片哗然，投资者纷纷用"脚"投票，上证综指从 1200 多点一路下跌，直至跌到 998 点才止住。道理很简单，股权分制改革最终将实现全流通，股票供给将大幅增加，市场岂有不跌之理。直到前几年，这一"后遗症"仍是 2012 年至 2013 年市场停滞不前的重要原因之一。后来市场大幅上涨，不到两年时间，上证指数从 1000 点上涨到 6124 点，走出历史上少有的令投资者难以忘怀的大牛市。这主要是因为投资者看到了这一重大改革的利益所在。但是，经营、管理企业是一项庞大的系统工程，跟我们社会的文化、制度等息息相关，一项改革是不可能实现终极目标的。2008 年之后的市场走势充分证明股权分制改革并不是一剂灵丹妙药，尽管这并不影响其在中国证券市场上具有的里程碑式意义。从根本上来说，要想股市走好，要想股票走牛，最重要的逻辑还是经济、上市公司的基本面。2014 年 12 月底，上证指数随着成交量的急剧放大（创出万亿元的天量），节节攀升，一度突破 3400 点，创下三年来的新高。这在我看来，虽行情来得迅猛，短期涨幅过大，但也属正常。其主要原因：一是创业板早在2013年就走出大行情，屡创新高，上证指数在近一年后碰一下多年的高点（2009年上证指数上涨到3478点才戛然而止）未尝不可；二是房地产行业比较低迷。早在2013年，我就认为未来去买房作为投资的人将越来越少，而社会上多余的钱一定要谋求出路，流动性极好的股市自然是理想之地。因此，在2014年年初，很多著名券商纷纷看空，不少机构认为市场将要跌破1849点，但市场的真正走向往往出乎意料，先是在2000点一带稳住，接着在7月份稳步上攻，短短几个月时间涨幅超过50%，让看空者大跌眼镜。在沪港通和国家出台一系列政策的背景下，上证指数走出一波估值修复行情是无可厚非之事。2015年上半年，上证指数、深证成指、创业板指、中小板指联袂上涨，上证指数于2015年6月已攻破5000点，创业板突破4000点，创下历史新高。但好景不长，不到三个月时间上证指数跌破3000点，成为中国证券史上少有的股灾。尽管今后的市场走势不会一帆风顺，但是对未来两三年的行情我还是十分看好的。一是各方面的改革在紧锣密鼓地推进，在改革真正落地前市场的乐观预期仍在；二是注册制稳步推进，市场上的新鲜血液源源不断，这为像我这样的职业投资者提供了更广阔的舞台。尽管许多专家和职业投资者不断非议创业板，不少价值投资者在2015年6月认为创业板100多倍的市盈率还“群魔乱舞”，简直不可思议，但我还是相对看好的。这是因为，创业板代表着社会的未来，提前反映了经济转型的方向，高市盈率也就有其合理的内在逻辑，更何况创业板的高市盈率缘于持续的并购，只看市盈率做股票很难说是真正的价值投资者，或许已经不适应现在的市场环境。

其实，早在 2005 年我就隐隐约约地闻到牛市即将来临的气息。原因很简单：一是股市长期低迷，不少国有、民营大机构往日牛气冲天，到 2005 年却纷纷破产倒闭，如德隆、南方证券等；二是股价极其便宜，当时股价超过 10 元的股票都不多，贵州茅台（600519）不到 30 元，五粮液（000858）不到 10 元，5 元以下的品牌消费类股票俯拾皆是；三是中国经济长期强劲增长，这在股市上迟早要得到反映；四是股权分置改革已轰轰烈烈展开，这一重大制度变革很有可能成为一轮牛市的催化剂。当时，市场上有传闻说上证指数能涨到 6000 点，对此我想也没想过。记得 2007 年春节后的某一天，某著名大学教授和我探讨股市，他认为 2007 年 2 月 28 日暴跌的这根大阴线是转势的信号，是一根断头铡，大盘指数将向 2000 点靠拢。虽然我也认为市场涨得过猛，但并不完全赞同这位教授的观点。原因在于短期市场是不可预测的，并且当时还有许多股票很便宜，如金龙汽车等，反正当时的价格我不会卖。其实，当市场涨到 3000 点的时候，在我国有“私募教父”之称的赵丹阳选择清盘休息，也从一个侧面反映市场上涨过猛，股票价格偏高，泡沫已相当严重。但可能令他始料未及的是，更大更猛的涨幅还在后面。

作为普通投资者的我，在市场上虽也经历过牛市、熊市，但一直是价值投资的追随者和践行者。我认为短线市场没有办法预测，作为投资者，就是要不断从市场上寻找价值被低估的股票。反映在具体操作上就是每天几乎满仓操作，当然不是长期持有，而是每天、每时卖出股价暴涨、价格得到实现的股票，再用卖出的钱买进股价还未上涨甚至还在下跌的股票，滚动操作，以获取超额利润。我满仓操作的另一个原因是当时强烈看好中国大环境，认为21世纪是中国的世纪，举目全球，美国、欧洲、日本都已发展得差不多了，空间有限，轮也要轮到中国发展了。当时我曾重仓南方航空（600029）和中国国航（601111），其中的投资理念非常朴素：一是人民币长期处于升值通道中；二是中国人穷了几百年，现在终于有点钱，能乘飞机到外面甚至国外去旅游，所以民用航空的增长将是爆发式的。果不其然，如我所料，中国国航（601111）、南方航空（600029）在这一轮大牛市中上涨超过10倍，我也获得了巨大的投资收益，成了市场的赢家。

2006年至2007年我的满仓、滚动操作方法很奏效，让我远远跑赢上证指数，获得超过10倍的投资收益，在投资生涯中掘到了第一桶金。这一时期，我操作出一大批成功案例，有些至今仍历历在目，如同仁堂（600085）、菲达环保（600526）、龙净环保（600388）、两面针（600249）、金龙汽车（600686）、燕京啤酒（000729）、三一重工（600031）、航天机电（600151）、南方航空（600029）等。

当时电视上热播《大宅门》，演绎同仁堂（600085）过去的发展史，再结合生活观察，深入药店和社区，我发现同仁堂的药不仅很多，且卖得很红火，而且保健品店开始在北京繁华地区遍地开花。有一次春节回家，我发现老家的县城也有了同仁堂的店。于是，我开始关注同仁堂（600085），并且持续买进，直到现在还有一些，这是我操作时间最长的股票之一。2006年至2007年同仁堂（600085）虽大幅上涨，给我带来了巨大的账面利润，但在下跌前我几乎没有减仓，2008 年市值几乎又回到了原点，但我对同仁堂（600085）依然信心满满，持续加仓。终于，在 2010 年至 2011 年期间，同仁堂（600085）业绩持续提升，分红每 10 股送 15 股，在当时大盘弱势的情况下股价大涨，成为表现最好的医药股之一。

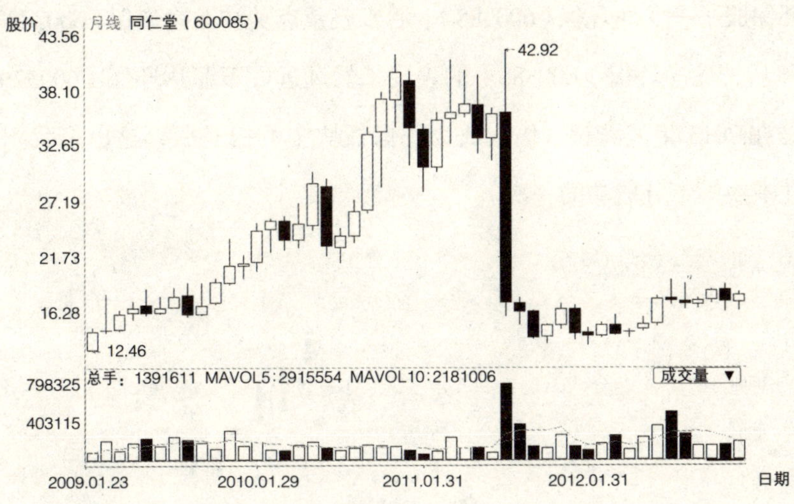

图4-1　同仁堂（600085）2009年至2012年月K线走势

再如菲达环保（600526），这是我老家的一家上市公司，在我小的时候，它就是当地一家知名国企，全国国产化装备重点基地，一上市我就高度关注它了。只可惜，它的业绩一直较差，但我还是看好它。一是菲达环保（600526）掌握核心技术，短期业绩不好并不代表一切，更不意味着没有投资价值；二是从 2005 年起我就非常关注环保板块。逻辑是，随着中国经济的高速发展，治理环境污染是迟早的事，国家对环保的重视也是迟早的事，投资者选择股票需要的是远见卓识和敏锐的眼光，在 10 年以后的今天环保板块仍是市场的主流板块便是明证。正是基于这样的逻辑，我一直都很关注菲达环保（600526），并且持续买入。2007年5月30日股市大跌的时候，它逆势大涨，天天涨停，给我带来了意外的惊喜。在别人短期账面损失巨大时，自己却毫发无损，还持续增值。与此同时，我发现了另一只业绩极其优异，业务也相似的环保股——龙净环保（600388），后来就重点关注龙净环保（600388）了。2008年后，龙净环保（600388）的表现果然远远好于菲达环保（600526），尤其是在2013年大涨超3倍，成为环保板块中的白马股，这也是我职业投资生涯中换筹十分成功的一次。

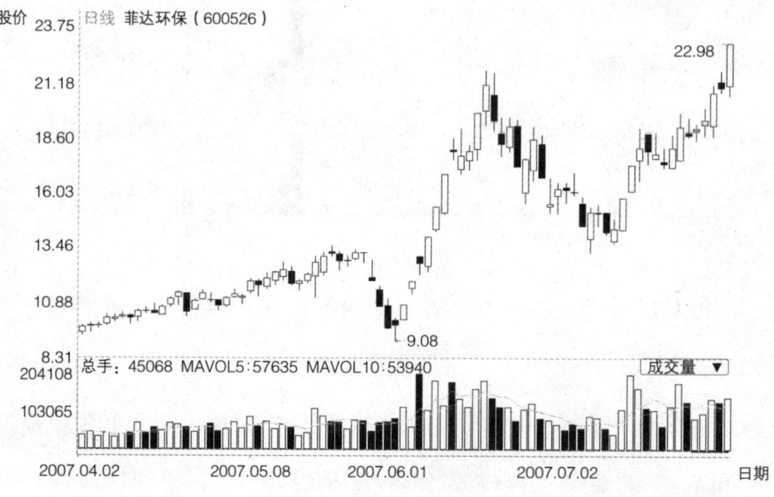

图4-2 菲达环保（600526）2007年4月至2007年7月日K线走势

（二）抓住板块轮动机会，不断调整持股结构，获取最大收益

由于1999年至2005年间长时间的摸索，我对于股市里牛市轮番上涨、

熊市轮番下跌的事实，已有深刻的体会。以前市场是齐涨共跌的，也就是说，任何一轮牛市，所有股票都有上涨机会，并且涨幅差不多；任何一轮熊市，所有股票都将下跌，并且跌幅差不多。2006 年至 2007 年的大牛市却不是所有股票都是“一夜升天”的，板块轮动的现象十分明显，2006 年是以银行板块为首的大蓝筹、有色金属和以天威保变（现为保变电气，代码 600550；下同）为首的太阳能概念股持续发力，其他二、三线股表现并不突出。2007 年 1 月至 5 月 30 日，二、三线股大幅补涨，银行为首的大蓝筹、有色金属和以天威保变（600550）为首的太阳能概念股开始进入休整。5 月 30 日后大盘大幅下挫，二、三线股首当其冲，领跌市场，相反，前期处于调整阶段的以银行、钢铁板块为首的大蓝筹则开始稳定下来并率先上攻，直至创下当时该轮行情的新高 6124 点。

由于对股市板块轮动这一明显特征我早已胸有成竹，因此在历史性大牛市到来的时候运用起来就比较得心应手。每一阶段甚至每天，我都会卖出大幅上涨的股票、买进涨幅不大甚至下跌的股票，严格遵循高抛低吸、不追涨杀跌的原则。可以说，滚动操作这一方法让我获得了超额利润。在实战中，发端于 2005 年下半年的大牛市我是先重仓有色、太阳能、银行板块股票，买了兰州铝业（现已合并成中国铝业，代码 601600）、宏达股份（600331）、驰宏锌锗（600497）等有色股和航天机电（600151）、招商银行（600036）。这类股票大幅拉升后我又择机在 2007 年年初换成二、三线股，如金龙汽车（600686）、宇通客车（600066）、同仁堂（600085）、白云机场（600004）、北方创业（600967）、北方股份（600262）、龙净环保（600388）等。在2007年“5·30”惨案后，我的投资视线又重新回到以中国联通（600050）、宝钢股份（600019）、招商银行（600036）等为首的大盘蓝筹股上。

（三）投资理念、投资风格初步形成

2005年以前，尽管我操作频繁，但大部分都是听消息，追涨杀跌，多数股票如今已日薄西山，经不起历史的检验。总结起来，主要原因还是投资理念缺失，导致买卖股票的随意性很大。到了2005年至2007年间，情况已经发生了很大的变化，我开始逐渐形成自己的投资理念。如果说2005年以前我还是一名普通股民的话，这之后就开始与众不同了，我逐渐成为比较专业的职业投资者了。

那时，我每天走路上下班，看到马路上到处都是金龙汽车、宇通客车、黄海客车，尤其是金龙汽车，外表漂亮、大气，市场占有率极高，给我留下了深刻的印象。因此，汽车行业我基本上就买这三只股票，它们都给我带来了很大的投资收益。曙光股份（黄海客车的大股东，代码600303）在2010年至2011年市场大势不好时又给了我极其丰富的回报，并且成了我投资生涯中为数不多的全身而退的成功案例。其中的投资逻辑是这样的，曙光股份（600303）是一家民营企业，所属黄海客车有一定的市场影响力，在北京的公交车中有相当一部分是黄海客车，且当时业绩不错，净资产很高，所以我想高送转是迟早的事。而若基本面不是特别优秀的公司，在除权后的填权过程中逐步减仓直

至清仓则是比较明智的选择。2011 年上半年，曙光股份（600303）除权后不久，我就清仓了，这只股票自此以后长时间一蹶不振，它也从我的投资视线中慢慢消失。

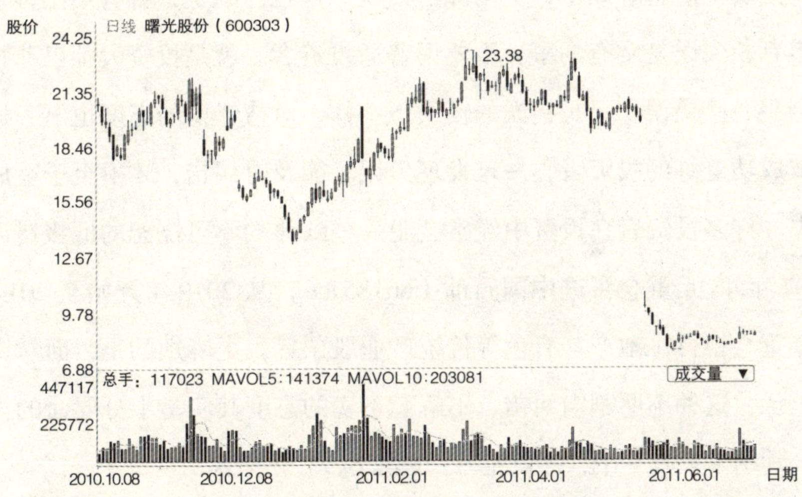

图4-3 曙光股份（600303）2010年10月至2011年6月日K线走势

此后，我越发关注身边的上市公司，从旅游中去找，从超市中去找，从生活中去找。我是学历史的，不擅长看财务报表，但喜欢从历史长河中探索未来社会的发展方向，通过这种方式去找一些投资目标，对我来说显得更为简单。功夫不负有心人，我先后找到了五粮液（000858）、燕京啤酒（000729）、青岛啤酒（600600）、同仁堂（600085）、伊利股份（600887）、大商股份（600694）等股票，获得了不菲的投资收益。

投资风格跟性格密切相关，有人就做一两只股票，有人则不同，做几十只甚至上百只股票，世界顶尖级投资大师彼得·林奇投资做 1300 多只股票。我也属于后者，从一开始做股票我就喜欢多买几只股票，而不愿意把鸡蛋放在一个篮子里。分散投资的另一个逻辑就是，社会的发展不可能只有一两家企业在发展，而是有众多企业同时在高速发展。只买一两只股票，要是看不准就麻烦了，更何况俗话说“常在江湖走，哪有不湿鞋”，在股市判断失误是常有的事。不要说普通投资者，就是投资大师巴菲特也经常会犯一些错误。只是错误的性质不一样，对待错误的态度也不一样。作为较成功老练的投资者，一旦发现失误，能及时纠错，才不至于造成巨大损失。许多投资者在投资中经常会犯一些致命的不可饶恕的低级错误，如 2007 年 48 元重仓买进中国石油（601857），从 2010 年开始至 2014 年上半年重仓银行、地产、有色等传统产业股票等。更麻烦的是，面对错误不肯承认，这种不愿割肉纠错、不解套不卖的态度其实是十分要命的投资方式，其结果只有一个，那就是亏损越来越大。

（四）牛市里几次刻骨铭心的失误

1．兵败香港

2005 年，我的证券账户市值已经大幅跑赢上证指数，并且已经决定要把投资事业作为终生职业进行到底。也许从那时起，我的生活、生命乃至灵魂，与股市、股票、资本市场已经紧密相连。正因如此，为了更好地了解中国内地资本市场未来的发展趋势，我很想了解成熟市场（如欧美、日本、中国香港资本市场）的现状。刚好我有一个朋友在国内某大型券商香港公司做经纪人，他极力鼓吹我去香港开户投资，而当时去香港开户投资还是比较新鲜的事。2014 年，国家启动沪港通，内地股市与香港股市实现互联互通，进出香港等地市场越来越方便。

在朋友的再三劝说和怂恿下，在我还不清楚香港市场交易规则（香港的佣金制度、配股制度跟 A 股市场区别很大）的前提下，我就从 A 股市场撤资 4.4 万元人民币投资香港市场。我记得很清楚，当时我需要先把人民币汇到深圳某私人账户，再兑换成港币转入股票账户。当时 1 元人民币只能兑 0.98 元左右港币，因为这些年人民币大幅升值，现在 1 元人民币能兑 1.2 元左右港币。需要说明的是，当时正是 A 股大牛市的前夜，2005 年的 4.4 万元不同于现在的 4.4 万元，当时笔者的工资每年也就 5 万元左右。记得 2004 年春，我在北京市中心买的 100 多平方米的商品房，首付不超过 16 万元，可见当时的 4.4 万元还是相当值钱的。

由于在内地看不到香港市场的实时行情，对香港市场又从来没有接触过，再加上对朋友的绝对信任，在他的推荐下，我当天便以 0.12 元港币的价格全仓买了“仙股”汉传媒（0491）。噩梦从此开始，此后，我再也没有交易过，汉传媒从此持续下跌，还缩股，供股，因为对它实在没有信心，就不供股，后来券商不断来函说我还欠他们一笔钱，至今我也没弄明白这是怎么一回事。总之，当时价值不菲的 4.4 万元在没做什么交易的情况下就打了水漂，现在回想起来，仍追悔莫及，痛心不已。从此，我就跟香港等境外市场绝缘，甚至对其产生了一种厌恶感。因为一个人的精力是有限的，我就集中全部精力做 A 股。一朝被蛇咬，十年怕井绳。如今沪港通虽然开启了，但是我对香港上市的股票一点兴趣也没有，主要原因是对香港市场不熟悉。尽管沪港通对中国资本市场的影响将是深远的，但投资的基本逻辑是不会变的。经过 2015 年上半年的持续上涨，尽管 A 股许多股票已经不再便宜，有的还很贵，但心仪已久、符合我的投资逻辑的上市公司还有不少。

在此，还要对券商的经纪人提个醒，不管从事国内还是国外业务，一定要对客户负责，尽告知义务是最起码的，不要给客户造成不必要甚至出现难以挽回的损失。客户是经纪人的衣食父母，维护好客户的利益才是根本，千万不能竭泽而渔。

2. 与大牛股驰宏锌锗（600497）、三一重工（600031）失之交臂

2006 年至 2007 年的大牛市发端于以天威保变（600550）为首的太阳能板块、以招商银行（600036）为首的金融板块、以驰宏锌锗（600497）为首的有色金属板块。我在 2005 年就重仓介入了驰宏锌锗（600497）。原因是，当时市场上有色金属类股票已经蠢蠢欲动，我却对商品价格及其趋势一无所知。尽管如此，中国正在发生一场翻天覆地的变化，汽车、商品房开始进入千家万户，我认为这需要难以估量的钢铁、水泥、铜、铝等资源，有色金属上市公司的景气度必将空前提高。就是这样朴素的理念使我选择了有色金属板块，选中驰宏锌锗（600497）的道理就更为简单了。驰宏锌锗（600497）每股净资产比较高，市净率比较低，效益好，市盈率又比较低。我便以 14 元左右的价格重仓介入，该股此后果然一路攀升，但在 30 元附近基本获利了结。遗憾的是，当时我认为股价已翻番，差不多了，但事实却相反，驰宏锌锗（600497）这只有色金属的龙头股才崭露头角，最高涨至 149 元，10 倍股与我就这样失之交臂。事后回想起来，仍旧令我扼腕痛惜。

三一重工（600031）一直是中国民营企业的杰出代表，也是 2005 年股权分置改革时的第一批试点企业。我看好它的原因其实也很简单，当时的中国到处是施工场地，将整个中国形容为一个大工地一点也不为过。在这样一种社会环境下，工程机械当然大有可为，龙头企业更是受益匪浅，成长空间巨大。我觉得三一重工（600031）的市场形象不错，又很具有社会责任感，没怎么犹豫就选择了它。我在 8 元多重仓介入，也是接近翻番出来，但同样遗憾的是，它不但不回调，而且一直上涨，又一只 10 倍股与我失之交臂。

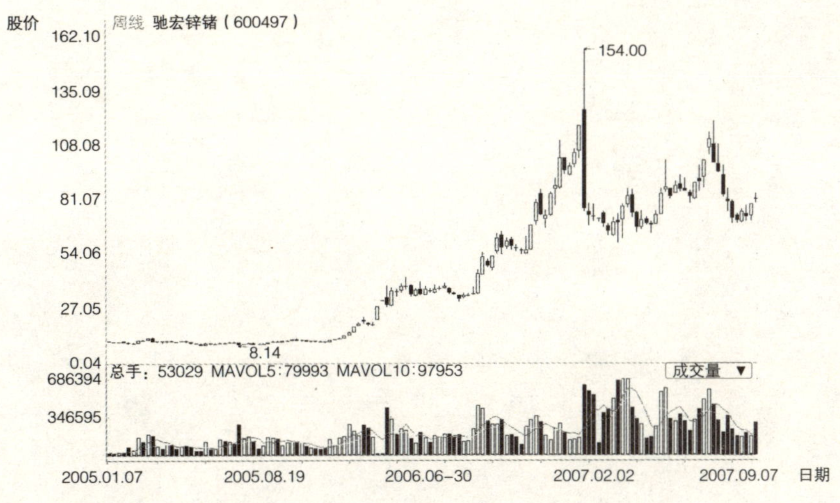

图4-4　驰宏锌锗（600497）2005年至2007年周K线走势

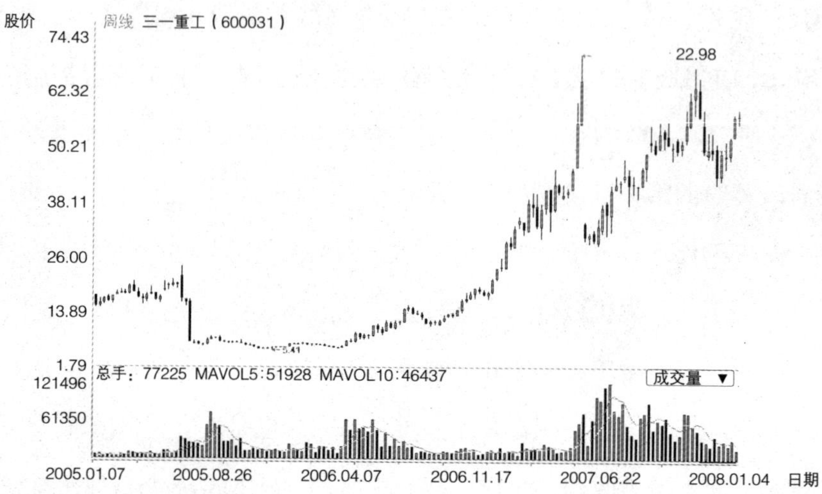

图4-5　三一重工（600031）2005年至2007年周K线走势

第 5 章　2008 年至今投资人生几经起伏

2008 年至 2014 年期间，我的投资经历可以分为四个阶段：2008 年至 2009 年 7 月，从“地狱”又来到“天堂”；2009 年 7 月至 2011 年 4 月，振荡市中再铸辉煌；2011 年 4 月至 2012 年 12 月，在迷茫中徘徊；2012 年 12 月至今，在痛苦煎熬中慢慢清醒，重新扬帆起航。

（一）2008 年至 2009 年 7 月，又从“地狱”来到“天堂”

1. 爬得高、摔得重的惨痛教训

2006 年至 2007 年的大牛市，我完全在独立操作、不听从任何消息的基础上取得了上述意想不到的业绩，完成了资本原始积累，并自负地认为看懂了中国股市的运行轨迹，特别是熟悉了中国牛市、熊市的运行特征。更为重要的是，我对股市充满了无限激情，每天一打开电脑就感到莫名的兴奋，一聊到股市就有说不完的话，甚至有人说我两眼会放光。相反地，我对工作、生活中的其他事兴趣就不大，我冥冥中感觉自己是为股市而生的，立志要为中国股市奋斗一生，于是毅然选择了辞职创业。我当时的想法现在看来有点幼稚而不切实际：一是我喜欢股票投资，而且赚钱并不难，再在机关工作，每天有开不完的会，应付不完的应酬，做着自己并不喜欢的事，实在没意思；二是我想在股票投资领域有更大的作为，2005年至2007年的投资实践，十几倍的利润，并且年年跑赢上证指数20%以上，使我相当自负地认为比绝大多数基金经理的水平都高，梦想成立属于自己的私募基金，并且奉行价值投资理念，成为中国乃至世界最好的私募基金，成为能让老百姓值得信赖的基金。如今已过去8个年头了，要实现这样的梦想，我仍旧任重而道远。

正是抱着这样的梦想和追求，我毅然决然地离开了待遇优厚的央企，开始了一个人的战斗，为做自己喜欢做的事，实现自己的创业梦想而上下求索。当初，很多领导、同事挽留我，我总因自己的心在投资上，在机关工作有点心不在焉为由加以拒绝。

2008年之前，我的投资思路是坚持价值投资理念，自始至终满仓操作。投资逻辑：一是看好中国的未来，坚定地认为21世纪是中国的，全世界轮也要轮到中国发展了；二是多年的投资实践中，我每年都超越上证指数20%以上，便自信地认为每年大盘下跌20%，我的投资还是不会亏，而市场总是螺旋式上升的，不可能每年下跌20%。

在这种操作思路的引导下，面对2008年巨大的单边下跌，上证指数从2007年10月的6124点一直跌到2008年10月的1664点，跌幅超过

70%以上，我的市值损失是相当巨大的，面临的心理压力可想而知。有道是“出来混总是要还的”，命运就是如此捉弄人。2006 年至 2007 年我满仓操作，谱写了投资生涯中的辉煌一页，做了一回市场的“王者”，但在看好中国未来大局这一朴素理念的影响下，2008 年同样重仓操作，却让我遭遇了重大挫折，险遭灭顶之灾。

不过，当时我有足够的信心认为市场一定会反转，市场跌得越深春天来得越快。这样的想法现在想起来很可笑，但在当时这样的认知和坚守无疑是最好的方法。没过多久，在国家 4 万亿投资的强刺激下，市场果然应声而起。

我辞职创业还有一个小插曲就是书中偶遇彼得·林奇。不是经济学科班出身的我，金融知识、投资常识大部分来自财经网站，来自生活，并没有系统地学习过。当然，我也会到书店寻找专业书籍，但总的来说，让我满意、让我一口气读完的书几乎没有。2007 年的某一天，我发现家里有彼得·林奇的《战胜华尔街》、《成功投资》（我爱人在网上买的），就随便翻了翻。很快，作者的传奇经历和投资理念深深吸引了我。一口气读完后，我发现自己的投资风格和投资理念与这位投资大师太相似了。至今这套书仍放在我的床头，一有空我就会看，百看不厌，它成了我的投资圣经，成为我投资路上的一盏明灯。每当我在投资路上感到困惑时，就会静静地重复阅读，奇怪的是每次都有不同的感悟，这为我坚定自己的投资信念提供了巨大的精神支撑。

这里，我摘录彼得·林奇的几段话与读者分享。《战胜华尔街》在推荐序中写道：林奇大约持有 1400 种证券，其中最大的 100 种占了总资产的一半，最大的 200 种则占了总资产的三分之二。在一个普通的工作日中，他的交易大约是买进 5000 万美元，同时卖出 5000 万美元，也就是说，他每天卖出 100 种股票，也买进 100 种股票，而且林奇的交易只有不到 5 % 是大于 10000 股的。“在我所买的股票中， 3 个月之后，我仅对其中不到四分之一的股票感到乐观，因此如果我碰到了 10 种股票，我会愉快地把 10 种都买进来，然后再进行调查研究。也许我会不喜欢其中的几种，但我会继续持有我喜欢的几种，并增加它们的持有量。”林奇的投资组合永远都在变，许多证券仅保持一两个月，他觉得自己的工作越出色，周转率就越高。

林奇的这一风格确实极为罕见，我见过的很多高水平投资者和机构大都只做几只股票，有的甚至就做一两只股票，但却与我的风格惊人相似。我从一开始做股票就十分分散，当然不是均匀分布，很多股票只有 100 股，因此从某种意义上讲，它们看似分散但却相对集中。如今，几千万的市值，我的股票总数超过了 150 种。不少熟悉我的人都会问我两个问题：一是由如此多的股票构成的组合是否会成为一只指数基金，从而由主动型基金变成被动式基金而无法战胜市场；二是这么多股票忙得过来吗，为什么要少量持有很多股票的头寸？我的回答是：看似分散实则集中，前 10 大重仓股占总市值 40%左右，前 20 大重仓股占 60%以上，多年大幅跑赢市场就是最好的证明。股票投资跟房地产投资其实有相似的地方，只要一直关注，只要买入时的投资逻辑没有发生重大变化，持有或是最好的选择，而少量持有股票是为了更好地、持续地关注它们，一旦基本面出现转机，就可以大幅加仓。

2．坚定信心，东山再起

20 世纪 90 年代，中国股市曾经历过大起大落，但我并没有亲历。2008 年的市场单边暴跌是我第一次经历，直到现在还心有余悸，还在思考暴跌的原因。令我比较信服的唯一原因是市场暴涨太多了，当时的整个市场充斥着泡沫。这次大暴跌虽跌幅巨大，并且几乎没有股票不跌的，贵州茅台（600519）也从 200 多元跌到 100 元以下。但当时我坚信市场能起来，跌到 1664 点依然满仓操作，因为这时所有的股票都很便宜。虽然这一次我的市值损失一度十分巨大，但痛苦是暂时的，后来市场果然在国家 4 万亿元投资的刺激下一改弱势，强劲上涨大半年，直到 2009 年 7 月上涨到 3478 点才戛然而止，中小板则创下历史新高。幸福来得太突然，我的市值又回到了历史高峰。

2015 年 6 月，上证指数虽已经突破 5000 点，大家正在期盼一轮超级大牛市，可是我却一点也兴奋不起来。这是因为，现在的市场暂且不说别的，除了银行、地产等传统行业外股价真的不便宜，创业板的市场市盈率甚至高达 100 倍以上、中小板的平均市盈率也高达 60 倍以上。这样的市场使投资者只能拿着放大镜沙里拣金，只能寻找结构性机会，市场究竟能走多远，也许只有上天才知道。

3．逆势操作的几个成功案例

2008 年我的逆势操作中也有几个成功的经典案例。一是 2008 年年初重仓登海种业（002041）、隆平高科（000998）。当时我重仓的逻辑是，在 2005 年至 2007 年的大牛市中这两只股票尤其是登海种业（002041）表现平平。由于业绩下滑，2007 年 10 月在上证指数攀升到 6000 多点的时候，它在10元附近徘徊，不要说在大牛市，就是在振荡市，这样具有科技含量的公司也是物超所值。另外，我觉得中国有13亿多人口，总要解决吃饭问题，要解决吃饭问题，就要大力发展农业科技。就这样我"相中"了农业中的登海种业（002041）、隆平高科（000998），在2008年上半年市场整体下跌幅度较大的情况下，它们也给我提供了巨大的正收益。更为重要的是，我持续跟踪登海种业（002041）、隆平高科（000998），它们至今都是我的重仓股，其中隆平高科（000998）也是我赚钱最多的股票之一，可见，短线博取一些差价并不是投资的最高境界，相反，大道至简，长期持有会生金蛋的好公司才是制胜法宝。

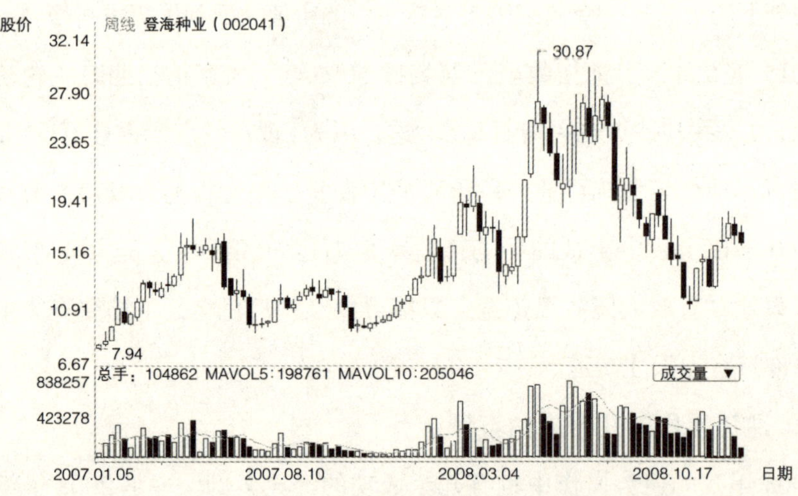

图5-1 登海种业（002041）2007年至2008年周K线走势

还有一个成功案例是中新药业（600329）。中新药业从2001年上市到2008年一直没有很好的表现。我在它上市第一天就买了100股，长期被套，但从此一直关注它，2008 年它又由于连续两年亏损成为 ST 中新（600329），在戴帽后股价雪崩，投资者避之不及的情况下，引起了我的高度重视。我一般是不太关注 ST 的，这次不一样，逻辑是：中新药业（600329）的主导产品是速效救心丸，而当时我刚看完彼得·林奇的《战胜华尔街》、《成功投资》，里面对医药企业有具体阐述，知道药品都是有准入门槛的。“医药公司和化学公司也都有自己的利基——其他公司不能仿制生产与它们完全相同的专利产品。”

我想，一个速效救心丸就值 10 亿元的话，不到 10 元的股价实在太便宜了，于是便开始慢慢介入，直至重仓。我介入后，尽管当时的上证指数还在 3000 多点，接下来指数还将腰斩，但 ST 中新（600329）就十分抗跌了，随着公司业绩反转它在 2009 年成为大牛股。

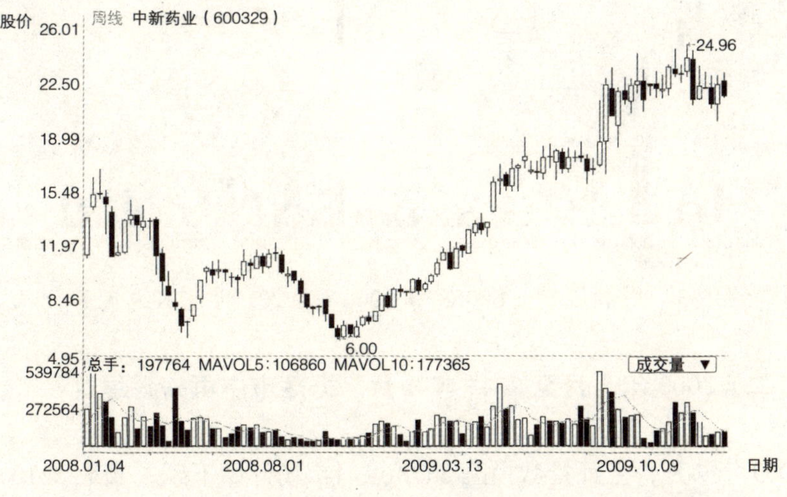

图5-2　中新药业（600329）2008年至2009年周K线走势

伊利股份（600887）在2008年9月"三聚氰胺事件"暴发后，股价轰然倒下，最低跌到6元多。当时我想，这样一个家喻户晓、全国人民离不开的大品牌，不可能就此销声匿迹，突发性事件过后，产品肯定会恢复生产，企业利润也会很快回升，股价不久必会逆转。正是基于这样的考虑，我在8元附近开始逐步吸纳，越跌越买。结果"三聚氰胺事件"暴发成就了伊利股份（600887）股价的历史低点，后来伊利股份（600887）触底后股价开始持续回升，成为近几年少有的消费类大牛股。

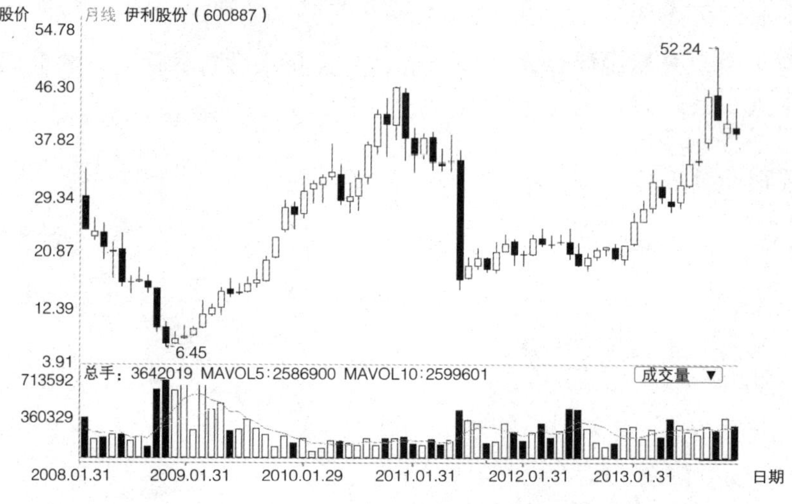

图5-3 伊利股份（600887）2008年至2013年月K线走势

（二）2009年7月至2011年4月，振荡市中再铸辉煌

2009年7月，上证指数摸高3478点后市场开始下跌，直至2010年5月在2300多点见底，之后继续升势，10月上涨到3100多点，然后掉头向

下，2011 年春天出现了小阳春行情。这段时间我还是延续以前的投资做法，满仓操作，组合投资，到 2010 年秋天上证指数摸高 3100 多点，我的市值再创新高，又着着实实地做了一回市场的王者。其中，最为经典的案例是同仁堂（600085），它一直是我的重仓股，并且不断加仓，成了 2011 年表现最好的医药股之一。

早在 2006 年，我就关注同仁堂（600085），看上同仁堂（600085）并因为不是它的业绩好，它的业绩直到现在也不怎么样。北京的公司就是有点奇怪，三元股份（600429）、燕京啤酒（000729）、顺鑫农业（000860）等主导产品都很好，但就是业绩不好，我认为个中原因可能和体制有关。钟情同仁堂（600085）缘于对国药的信任，每当我去药店的时候，就会看到各种各样包装极其精美的同仁堂（600085）的药，就这样一个家喻户晓的传统品牌，

图5-4　同仁堂（600085）2006年至2011年月K线走势

市值比云南白药（000538）还低，真是有点不可思议。2006年起我就重仓持有同仁堂（600085），遗憾的是2007年同仁堂股价到达40多元的历史高点时，我没有能够全身而退，只减了一点点。后来该股随着大势一路下跌，最低跌到10元左右，我还是不断加码，终于赚了一大笔。

还有一个经典案例是沱牌舍得（600702）。我在2010年选中沱牌舍得（600702）的理由在于，白酒是2010年至2012年少有的持续上涨板块，如今媒体对白酒一片质疑，说白酒产能过剩的有，说白酒股的辉煌是中国酒文化导致的也有。对此，我却有着不同的认识，白酒股的辉煌是中国源远流长的酒文化在现代社会的折射，人情社会不可能一夜改变，无酒不成席的遗风历久弥坚。更重要的是，我们喝的大多是国酒，不像汽车、手机，用的都是奥迪、奔驰、苹果等“洋品牌”。因此，前些年白酒股一枝独秀也是情理中的事。站在2014年12月的时点上，尽管不少白酒股的股价已经腰斩，失去昔日的辉煌，但我坚信在不远的将来，该类股仍会是最值得投资的板块之一，当然行业内部必然会出现明显的分化。早在2010年，当洋河股份（002304）、山西汾酒（600809）、古井贡酒（000596）持续上涨时，我就在二线白酒股寻找未来的牛股，选中沱牌舍得（600702）。当时它的名称是沱牌曲酒（600702），名不见经传，我知道它有一个品牌叫舍得，属中高档酒，喝酒的朋友对它相当推崇。当时，它曾下跌到10元左右，市值不到40亿元，这样的市值实在太低了，一个历史悠久的品牌价值被严重低估。我从2010年开始重仓这只股票，一直至2012年，高抛低吸，取得了极为丰厚的利润。

这段时间，我最大的失误是忽视了对宏观市场形势的研究，并且总是

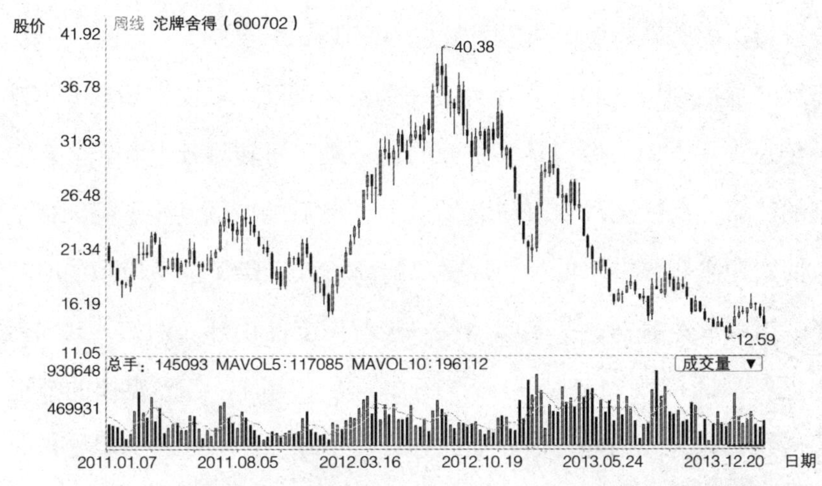

图5-5　沱牌舍得（600702）2011年至2013年周K线走势

天真地认为 3000 点离历史新高 6124 点还太远，上证指数迟早会把 6124 点踩在脚下。虽然我偶尔也会提醒自己，日本日经指数几十年都没有回去，现在还在 20000 多点下方徘徊，但转念一想，中国太大，与日本没有可比性。后来的市场走势证明，我一度犯了极其严重的方向性错误，全球金融危机后 2009 年的大行情仅仅是传统经济的回光返照而已。

（三）2011 年 4 月至 2012 年年底的艰难岁月

这段时间是我职业投资生涯中最为艰难、最为难忘的岁月，也是我学到东西最多的一段时间。如果说 2005 年我从普通股民进化为职业投资者，那么 2011 年至 2012 年经历投资以来最大的精神洗礼和蜕变后，我从一个普通的职业投资者进化为一个相对成熟、树立坚定的投资信念，并严格遵循投资逻辑、拥有高尚使命和远大梦想的职业投资者。

与我的预期相反，2011 年 4 月后市场不仅没涨，反而开始逐波下跌，我一下子迷失了方向。原因是多方面的，一是我对转型社会和经济现象缺乏深刻的认识，反映在资本市场上，2011 年前后的市场发生了翻天覆地的变化，使我原来顺风顺水的投资风格、操作方式已经不能适应新的时代需要，屡战屡败成为必然；二是媒体在一定程度上的误导。例如，某知名财经人士说，上证指数 2132 点是钻石底，等等。当时，各界媒体的报道也大都是抱怨，认为我国经济如此如此好，股市却如此如此差，尽管也时不时会有大牛市即将到来的说法。现在想来，尽管我国资本市场制度有不完善，但市场永远是对的，错的只有投资者的操作方式。而创业板屡创新高是有其内在逻辑的，100 倍的平均市盈率也有其合理内涵，银行股 5 倍的市盈率、贵州茅台（600519）10 倍的市盈率也是正常的，这可能是另类隐形泡沫。一百多年前，美国投资大师爱德温·里费默曾说：无论大幅度波动的首次冲击会带来什么，它的持续性都不是资本家投资或诡计的操纵结果，而是依靠于基本条件，而且不管谁想抗衡，只要推动力允许，它都会不可避免地产生广泛、快速、持续的影响。一切基于基本面，中国市场也是如此，2006 年至 2007 年的大牛市，是宏观经济基本面的反映，是商品房、汽车进入普通家庭的反映。同样地，2011 年至 2012 年上证指数走熊，也是宏观经济基本面的必然反映，更是传统经济不景气的反映，因为上证指数的权重大部分是由银行、地产、有色等传统板块构成的。

由于一度迷失方向，这段时间我内心的煎熬和挣扎是可想而知的。对于当时一方面大盘蓝筹股市盈率很低，一方面创业板50倍以上的高市盈率，而且很多公司从来没听说过，我无所适从，偏离了正确的轨道，在曾经非常熟悉的股海里沿着错误的方向越走越远。我的投资组合主要集中在以白酒为代表的消费和医药板块，煤炭和有色板块也有一定的比例，业绩的惨淡是可以想见的，但比指数的下跌幅度还是要好些，因为逆境中仍有不少成功案例。

1. 捕获上海家化（600315）大牛股

如同云南白药（000538）一样，上海家化（600315）自 2001 年上市以来，长期走牛。我记得很清楚，它与亚星化学（600319）是同时上市的，挂牌价只有 8 元多。该股上市后，我就一直有关注，尤其是在 2011 年，中国平安入主，我对它更为关注。我发现它的品牌六神、美加净、佰草集、高夫等十分畅销，

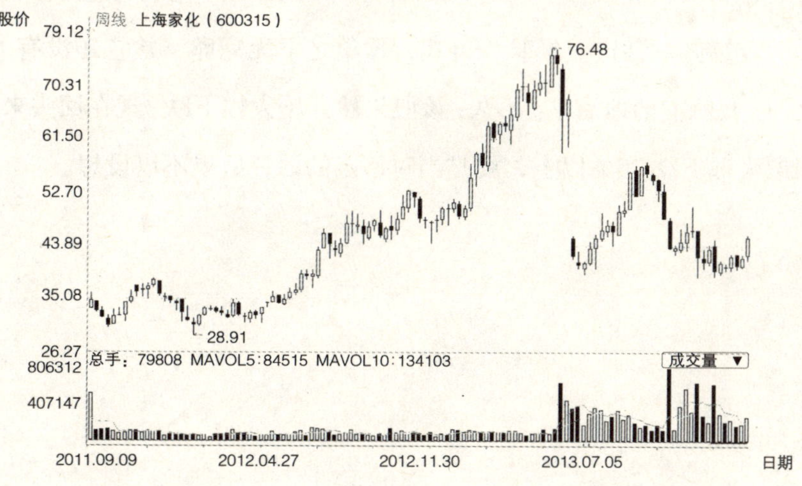

图5-6　上海家化（600315）2011年至2013年周K线走势

并且适用于所有群体。更为重要的是，国内化妆品市场空间巨大，民族品牌有替代“洋品牌”的可能性。后来的事实也证明，它成了 2011 年至 2012 年市场低迷期难得的大牛股，只可惜因为我的投资过于分散，持仓太少了。

2．逐渐远离有色、煤炭等强周期股

有色、煤炭是 2006 年至 2007 年表现最为抢眼的板块之一，其上涨的逻辑很简单，中国经济快速发展，必然需要大量钢、铁、铜等资源，长期盘整后的有色金属商品价格开始大幅上涨，反映在股市上，相关有色、煤炭类股票也是持续上涨。而且，2007 年后每次大的市场行情都离不开它们的表演，因此我也一直关注它们，并且持有 10%左右的总体仓位。我记得很清楚，2011 年年底我还大量持有恒源煤电（600971）、广汇能源（600256）、铜陵有色（000630）等资源股。2012 年我开始逐步撤出，有意思的是，在大部分有色、煤炭股大幅下跌时，广汇能源（600256）好像跟它们没有一点关系，继续高歌猛进。经验告诉我，覆巢之下无完卵，趁它还没有大幅下跌之时，我就悄悄地溜了。不久，该股果然开始大幅下跌。现在回头来看，这些股票大都下跌 70%以上，要是当时不走的话，后果不堪设想。

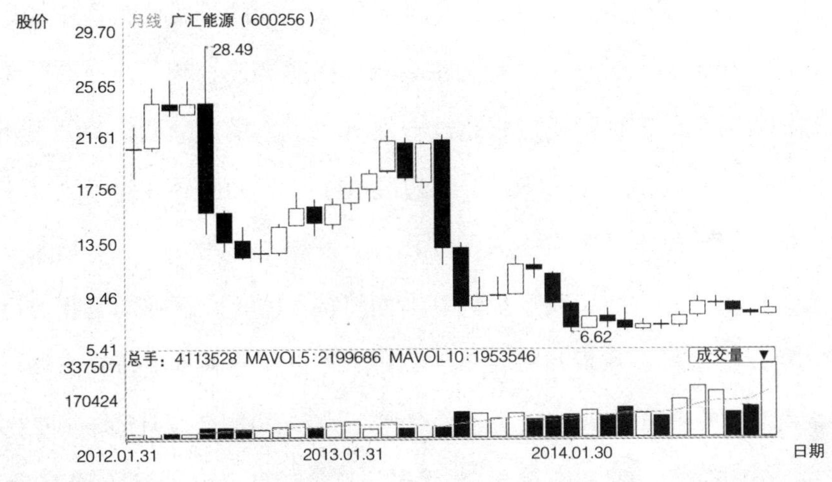

图5-7　广汇能源（600256）2012年至2014年月K线走势

3．挥泪痛斩白酒股

不管是过去，还是现在，我都一直钟情于消费股，更钟情于白酒股。逻辑很简单，重复消费的东西一般盈利能力超强，周期性弱一些。大概是在 2011 年前后，我曾在不同场合表示，白酒和铁路是中国最为优秀的代表，中国酒文化源远流长，而且老百姓喜好喝白酒，汽车、衣服可以是洋品牌，但酒一般还是喝国产的白酒。资本市场的白酒股确实也曾不负众望，长期走牛。就是在 2012 年年初整体市况十分低迷时，酒鬼酒（现为 *ST 酒鬼，代码 000799）、沱牌舍得（600702）还持续疯涨。可是，天下没有不散的宴席，也没有只涨不跌的股票，白酒股自然也不例外。2012 年下半年“塑化剂事件”后，白酒股同周期股一样，开始大幅下跌，甚至有过之而无不及，连贵州茅台都下跌一半以上，别的更不用说了。很多投资者把白酒股长期的下跌归因于“塑化剂事件”，对此我是不太认同的。我认为这仅仅是短期下跌的一个借口，长期下跌最为主要的原因是产能过剩等，还有就是未来人们消费习惯的变化。我持有超过仓位20%以上的白酒股，其中贵州茅台（600519）和五粮液（000858）就超过10%。开始时，我对下跌并不太在意，因为只要基本面不发生大的变化，下跌根本不用太担心。后来，国家反腐力度不断加大后，我意识到基本面将持续恶化，行业向下拐点已经来临，所以除了留一点贵州茅台（600519）外，其他基本上斩仓出局。我记得很清楚，五粮液（000858）是在28元多一点（2015年4月还不到27元）出来的，水井坊（600779）是在19元多一点（2015年4月还不到12元）出来的。现在看来，我痛斩白酒股的决策虽短期出现了亏损，但从长远来看无疑是极其正确的，让我的损失刚开始时就得到了遏制。

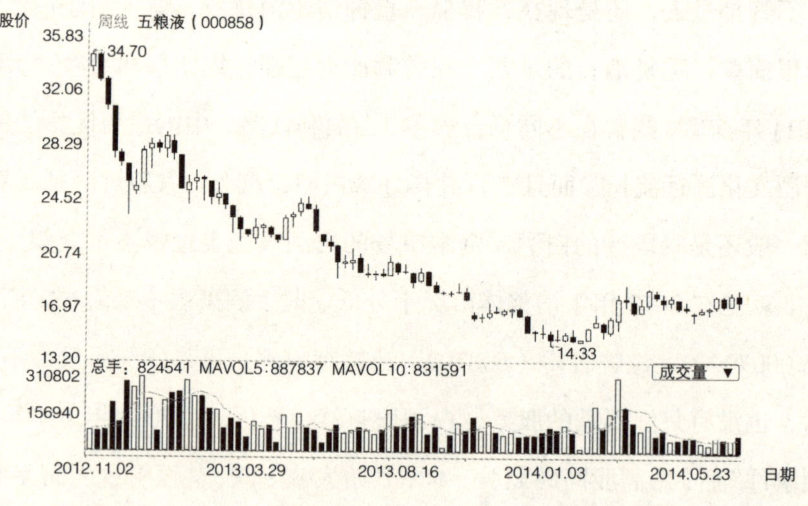

图5-8 五粮液（000858）2012年11月至2014年6月周K线走势

这段时间的艰难除了整体市场不好之外，更为重要的是，我曾经得心应手的传统操作手法不太适应现阶段的需要，遇到了前所未有的挑战。

（四）2012 年年底至今，柳暗花明又一村

2011 年至 2012 年的艰难并不是出现亏损，而是我已经真真切切地看到转型社会上证指数将失去活力，创业板股票太贵，整体市盈率又太高，以前靠指数大幅波动来赚钱的时代已经一去不复返。在 2012 年国庆节过后的两个月里，从来不抱怨的我也开始满腹牢骚。原因是：以前我十分熟悉的市场越来越陌生，没有经历过转型社会的我，对转型社会缺乏了解和认识。反映在资本市场上，一方面是 10 倍市盈率以下的股票很多，如银行股、地产股等，但我深知这些行业处在下行的通道上，拐点远未到来，它们昔日的辉煌已成为历史；另一方面则是以创业板为代表的高市盈率股票，它们的市盈率普遍都在 50 倍以上，有的甚至更高，如此高的市盈率显然有泡沫。于是我举足不前，不敢买进股票。面对这一切，我开始出现从未有过的迷茫，对未来一度失去信心（持续了两个月左右）。正如李嘉诚所说："贫穷不一定是缺乏金钱，而是内心对希望和机遇的憧憬破灭了。"当时的我就是这种状态，当务之急是要重塑对未来的信心。面对意想不到的苦难，如果蹚不过去，将是万劫不复的地狱；如果坦然面对，沉着应对，虽历尽艰辛，但蹚过去了，就是巨大的精神财富。未来上苍会加倍偿还你，这一点在我身上也得到了应验。我要感谢自己异乎寻常的努力和身边最亲近的人的默默支持，更要感谢上苍的再次美妙安排。

阅读是提高自己的重要渠道，大约在 2012 年 10 月，新浪博客“我的投资之旅”的文章走进我的视线。作者来自中石油，与我的经历差不多，更为重要的是，他也是彼得・林奇的信徒。但一开始我也没有太注意，后来又过了一个月，他的另一篇文章进入我的视线，这次引起了我的高度重视。处于迷茫中的我最需要的是精神食粮，于是我就把他博客中的所有文章一一细细品读完，并且把早已束之高阁的彼得·林奇的《战胜华尔街》、《成功投资》等书重新拿起阅读。它们给我提供了无穷的正能量，让我看到了希望，一度模糊的市场开始变得清晰起来，我对未来又重新信心满满了。

“我的投资之旅”的作者在 2012 年 11 月 28 日这样写道：投资之旅在路上，一路跌宕起伏，并不如我想象的那么平坦，总是沟壑纵横，荆棘密布。好在我为此做了足够的准备。一段段投资经历，就是投资之旅的一个个驿站，一段段记忆，一篇篇故事。我为曾经的冲动错误感到羞耻，我也为如今的投资坚守感到鼓舞。冲动是魔鬼，坚守是砥砺！多问自己几个为什么。是的，为什么，还是为什么。我为什么要把辛苦赚来的钱投给他们？他们到底哪里吸引我？他们哪里值得我信任？我为什么要信任他们？我体验过、见识过他们的产品吗？我对这些产品究竟有怎么样的认识？这样的认识够深刻吗？够彻底吗？够给力吗？够刻骨铭心吗？我的信心究竟有多足？我把钱交给他们放心吗？我入股他们的生意放心吗？我对他们的产品和服务了解多少？我买了他们公司的股票，心里踏实吗？睡得着觉吗？吃饭香吗？如果遭遇大熊市股价下跌 20%~30%，我还敢持有吗？我有钱还会加仓吗？我会在意指数的波动吗？我怎么看待指数波动与企业发展的关系？我会持有它们多久？我会以怎样的态度来做这笔买卖？如果股价上涨 2~3 倍，我还敢继续持有吗？我持有的理由是什么？它们的基本面有什么变化？是变好，还是变坏？我卖出它们的理由是什么？我持有它们的理由是什么？我如何避免和“黑天鹅”的遭遇战？万一出现“黑天鹅”我该怎么应对？我选股从什么地方下手？我最熟悉什么？我最应该做的是什么？我最不应该做的是什么？

2012 年 12 月 5 日，作者又写道：时间延续，收益增长，市盈率降低，真正优秀的成长股的股价就是长期向上的，尽管这个向上的过程一波三折。投资需要耐心，耐心是通往财富自由之路的金钥匙。你如果过于在乎股价的短期波动，只能与它们擦肩而过，数年后眼看着它们轻舟已过万重山时，唯有一声低沉叹息。在无尽的黑夜里，在冷清孤寂的房间里，在频繁换股追涨杀跌的“痛快”中痛苦，你会泪眼婆娑禁不住问自己：我这些年到底都干了些什么？天啊，怎么会这样？指望频繁追随市场热点而持续获得财富，这样的人有几个？这样的概率有多大？你不会以为自己比索罗斯还聪明、还厉害吧。耐心的缺失，是浮躁的集中表现，是投资者的大忌！无论中外股市，无关行情变化，好企业就是好企业，时间会熨平一切，最终使它们在岁月的河流中得到投资者的长期认可与追捧。如果哪天它们的基本面变得差强人意了，也一样会遭遇投资者们无情的用脚投票。市场从来不会同情弱者，在我的思维里始终认为乞求别人的同情是懦弱的，乞求别人的赏识是愚蠢的，乞求别人的爱情是可怜的。

“我的投资之旅”写得太好了，我极其认同。虽然不认识作者，但他却成为可以与我进行思想交流的知音，是他让我重新振作精神，重塑对未来的信心，是他终于把一度沉沦消极的我从崩溃的边缘强拉了回来。自此，阅读作者的文章成为我不可缺少的环节，这给我提供了源源不断的精神食粮，成为我安然度过艰难岁月的精神支柱，在此我要由衷地感谢作者。

不同寻常的艰辛和努力终于换来了满满的收获，我慢慢理解了中国转型期的股市规律，对投资有了与原来完全不同的全新认识，对原来的投资理念进行了前所未有的修正。在我看来，投资的真谛不外乎两个词——成长和周期。在职业投资生涯中，寻找伟大的公司和顺周期的行业（公司）是永恒的投资逻辑。由于我在战略上对宏观经济的正确判断和战术上对微观企业的较好把握，2013 年至 2014 年我找到了贝因美（002570）、涪陵榨菜（002507）、人民网（603000）、汉森制药（002412）、三诺生物（300298）、姚记扑克（002605）、众信旅游（002707）、武汉健民（现已改名为健民集团，代码 600976）、东方财富（300059）等牛股，取得了不俗的投资业绩，在上证指数波动不大的情况下，净值增长率超过 50%。

消费类股，尤其是重复消费板块一直是我的投资重点，早在 2011 年年底我就开始关注贝因美（002570）、涪陵榨菜（002507），每次去超市，我都会仔细观察它们的销售情况，发现它们都是细分领域的龙头，并且销量很好。更为重要的是，贝因美（002570）未来有替代“洋奶粉”的趋势，涪陵榨菜（002507）有巨大的提价空间（乌江榨菜每包只有 1.5 元左右）。后来的事实证明，它们成了 2013 年消费领域的大牛股。

图5-9　贝因美（002570）2012年至2014年周K线走势

图5-10　涪陵榨菜（002507）2012年至2014年周K线走势

我在关注消费板块的同时，更为关注医药医疗板块，因为我认为老龄化是未来最大的投资主题。汉森制药（002412）、三诺生物（300298）开始进入我的投资视线。汉森制药（002412）的四磨汤口服液老少皆宜，适用群体相当广泛，并且疗效显著，每次我去药店都会关注它，我知道它一直卖得很好。2013年5月，媒体报道了“槟榔致癌事件”，汉森制药(002412)股价大跌，给我提供了难得的大举买入的机会，我买入之后不久，它果然走出了一波极为不俗的行情。三诺生物（300298）是做血糖仪、血糖试纸的国内领导企业，我国糖尿病患者数量巨大是众所周知的，并且还有不断扩大之势。同贝因美（002570）一样，它也有逐渐替代“洋品牌”的可能，且最终成了2013年医药医疗领域的大牛股。

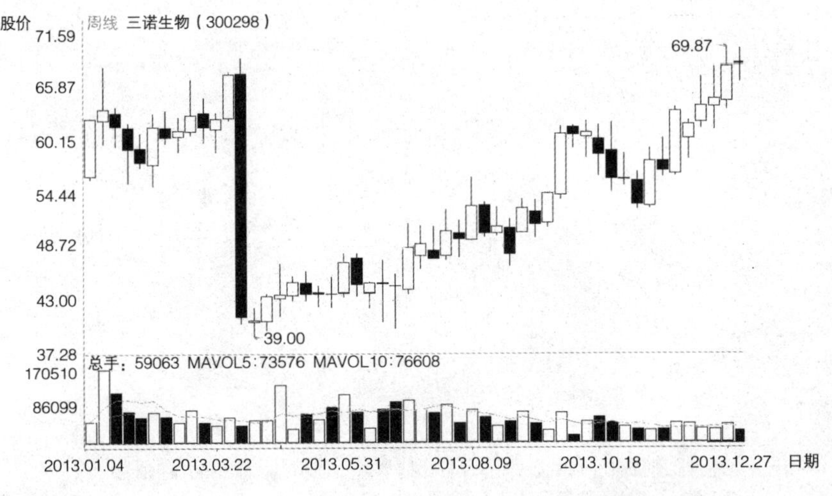

图5-11　三诺生物（300298）2013年周K线走势

当然，2013年我的投资也有失误。最大的失误是对新兴经济尤其是互联网版块认识不足，虽然我也重仓人民网（603000）、博瑞传播（600880），但基本上与乐视网（300104）、中青宝（300052）等股价涨了 5 倍、10 倍的股无缘。现在想来，我仍扼腕痛惜，因为这样的历史机遇并不常有，一旦错过，未来很长时间将不会涌现。这其中最主要的原因是我经历过互联网泡沫破灭的时代，所以对它们心存畏惧。

2013 年创业板走出大牛行情，指数翻番，华谊兄弟（300027）、乐视网（300104）等一大批股票涨幅超过数倍，但上证指数仍在原地踏步。与 2013 年不同，经过大幅上涨的创业板、中小板在 2014 年开始持续调整，前期活跃的、涨幅惊人的网络、消费等板块进入中级调整。相反，上证指数却在大盘股的带动下节节攀升，创下近几年的新高，这一年重组并购股成为市场的最大热点。提前入驻重组并购股并不是我的强项，我对此只能望洋兴叹。不过，从基本面出发，我还是找到了众信旅游（002707）、隆平高科（000998）、东方财富（300059）等牛股。更重要的是，这一年大量新股上市，与大多数投资者忽视新股不同，我产生了深厚的兴趣，把 30% 的资金配置在次新股里，这给我带来了意想不到的超额收益。很多专业人士认为，次新股过度操作，泡沫严重，甚至达到“群魔乱舞”的地步，我则不完全这样认为。我认为，次新股活跃有其合理逻辑，因为次新股代表着一股新生力量。社会是新陈代谢的，尤其是在高速运转的现代社会，事物的发展变化太快，作为成熟的投资者，必须善于学习，吸收新生事物，更何况这两年的很多大牛股都是从次新股慢慢演化而来的。因此，不论是现在还是未来，新股都将是我重点关注的对象之一。当然，我并不是对所有的新股都感兴趣，而是会精挑细选，更不会感情用事，一下子重仓一只次新股，而是先少量、试探性买入，然后持续跟踪观察，如果质地不错，价格合理，便会加仓甚至重仓。比如2014年年初新上市的众信旅游（002707），上市后能买到的价格大概90元，我就买了一点，之后开始跟踪研究，发现质地确实不错。首先，公司主营出境游，所属行业前景看好，空间巨大；其次，公司属于轻资产，并且是国内出境游最优秀的公司之一；再者管理层务实、低调。众信旅游（002707）一上市股价冲高后开始向下调整，这给我提供了继续加仓的良机，成为2014年我的重仓股之一，并且赢利翻了好几倍。

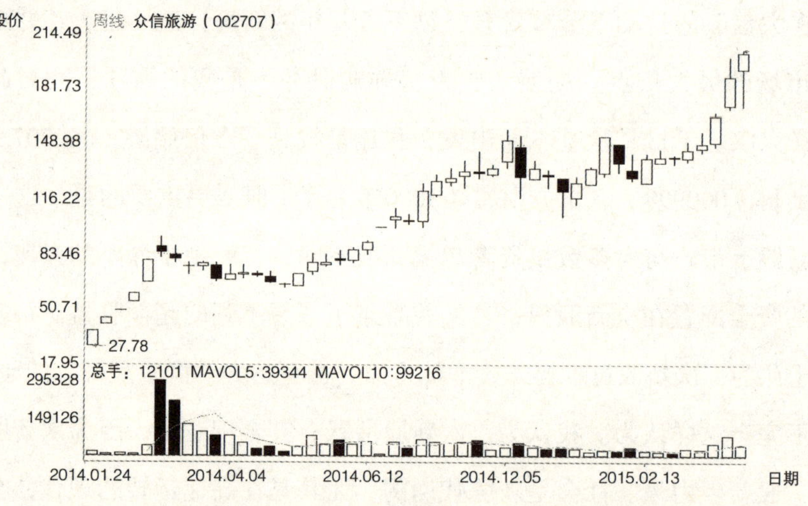

图5-12 众信旅游（002707）2014年至2015年3月周K线走势

在此阶段，还有两段使我难忘的经历。

1. 错失2014年11月传统蓝筹股行情

经历2011年至2012年的艰难岁月后，我修正了原来的投资理念和操作风格，在实践中更加注意投资逻辑。2013 年至 2014 年 11 月间，我的投资又做得顺风顺水。尤其是在 2014 年，当很多著名机构纷纷看空市场时，我大胆提出质疑，果断地重仓满仓参与，逻辑很简单，无风险利率下行，再去投资房地产的人已不多，社会资金总会大量涌入股市。遗憾的是，我只看到这个现象，而严重忽略了传统产业的爆发力。2014 年 11 月央行降息降准后，在券商、地产、银行、石油、石化、基建等传统板块的带领下，大盘如履平地，2500 点、2600 点、2700 点、2800 点、2900 点、3000 点短时间内被攻克，成交量急剧放大，两市成交量创下 12000 亿元的天量，而这是我始料未及的。为什么我严重误判了传统产业的行情，原因可能有几个方面：一是传统产业的基本面不佳，有些还在持续下滑，大宗商品价格的持续下跌给有色领域上市公司带来了很大的压力；一线城市房价高企，三、四线城市商品房存量高企则有目共睹，房地产企业的经营状况难有持续改善；未来基建规模难有扩张，以中国高铁为例，国内铁路建设的高峰好像已经过去，就算未来走向海外，基本面也很难恢复到 2006 年至 2007 年的时候；银行更不用说了，且不说经济下行坏账会增加，更重要的是互联网金融、券商都在蚕食银行的业务。二是以银行为代表的大盘蓝筹大都实现了在香港上市，并且内地股价和香港股价之间一直存在着价差，由于 2014 年 A 股比港股强劲，绝大部分股票的内地价格已经超过香港。投资就是投未来，就是投稀缺品种，因此我喜欢没有 H 股的公司，重仓买大盘蓝筹股确实也不是我的风格。三是虽然我看好股市，认为资金会持续流入，但如此巨量资金短时间的极速流入我是没有想到的，因此也就基本上错失了券商股的大牛行情。总的来说，2014 年 11 月的行情又给我上了生动的一课，“新兴成长”和“传统”的概念也不要绝对化，没有绝对的好，也没有绝对的坏，大盘蓝筹大涨的基本逻辑不是经济基本面改善，而是流动性宽松、长期股价压抑（已经整整七年）、估值修复的结果。2013 年，以新兴产业为代表的创业板大涨，指数翻番，2014 年传统产业板块大涨。如今，在我看来，新兴和传统基本平衡，未来相当长的时间内，在流动性宽松、居民对权益类资产配置需求增加的大环境下，中小板、创业板、上证指数或将走向共同繁荣。果不其然，2015 年 6 月前创业板和主板走出联袂上涨行情。

2. 2015 年史上罕见股灾中的淡定和坚强

早在 2012 年年底，创业板就已经悄悄走牛，其真正的原因是流动性宽松、利率下行以及房地产投资收益下降大背景下居民资产配置向权益类的转移。在大量杠杆资金的推动下，股市一路走牛，短短 7 个月时间，2015 年 6 月，上证指数摸高 5178 点，创下 7 年新高，涨幅翻番；创业板指摸高 4037 点，与 2012 年的 585 点相比，涨幅近 7 倍；中小板指则介于两者之间。

股灾前，全民炒股，无论走到哪里都能听到有人在议论股票，市场也是一片狂热，泡沫已经相当严重，某著名财经评论员认为 A 股已经到了“地球顶”，认为这是史上最大的泡沫。从沪指 4300 点就开始唱空的该评论员给出了四点理由。其一，估值已经到极限，主板每减持 0.146 元净资产就能够换回 1 元，创业板每减持 0.085 元净资产就能够换回 1 元；其二，汇金公司开始减持；其三，高管和大股东减持增加；其四，大量股票开始发行上市，意味着注册制的序幕已经开启。他认为，应对方式应从进攻转入防御，保护胜利果实，从高杠杆变为零杠杆，从高仓位变为低仓位。他的判断是准确的，但绝大部分投资者继续贪婪，我自己也总认为这次大牛市跟以前不一样，又着着实实坐了一回过山车。但因为我的投资极为分散，事先在估值低的银行股、保险股、石油股尤其是白酒股上做了较大规模的配置，而它们在这轮股灾中最为抗跌，所以我在券商的融资盘得到了很好的保护，在最困难的 7 月 8 日这一天，我的维持担保比例仍超过 160%，远高于清盘线 130%。

2014 年下半年牛市刚起动时，有人问我上证指数能否涨到 4000 点，我的回答是“很难吧”，理由是宏观经济并不支持，可是后来在巨量资金推动下市场一路高歌猛进，2015 年 6 月上证指数攻破 5000 点，创业板指攻破 4000 点，谁都知道这个市场泡沫很大，但真正出来的极少。包括沉浸市场多年的我，为什么仍重仓参与，原因主要如下：一是居民资产配置向权益类资产倾斜的趋势未来很长时间内不会改变，房地产的投资价值将越来越小。当时，我曾认为即使市场下跌，下跌 20% 也就差不多了，后来大盘下跌超过 30% 的股灾，大部分股票遭到腰斩我也是始料未及。二是创业板股票尽管比较贵，被喻为“神创板”，市盈率高达 100 多倍，但也有其合理性，这些上市公司大多属于战略新兴产业，行业周期将长期向上，景气度很高，并且还有持续并购的预期。三是尽管市场上的股票普遍较贵，但也有较便宜的，比如白酒股，10 多倍的市盈率，并且在我看来行业最坏的时期已过，未来弱势复苏将持续确立。

始于2015年6月15日的中国股市大暴跌，短短17个交易日上证指数下跌超过30%，有超过2/3的股票遭到腰斩。在我看来，很多股票一开盘就被强制平仓盘打到跌停板，在如此短的时间内造成如此大的跌幅，形容为股灾一点也不为过，也确属中国证券史上所罕见。究其原因，阴谋论、泡沫论、崩溃论等各种观点纷纷出炉，让人眼花缭乱。我认为，泡沫太大是根本原因，监管层开始监管场外配资，配资盘率先倒下是导火索，接着强制平仓的融资盘、恐慌盘蜂拥而至，连锁反应下多米诺骨牌终于倒下，股灾就这样发生了。

和以往不同的是，这次大牛市与2015年6月开始的股灾都与杠杆资金有关，2014年10月至2015年6月的大牛市，仅券商融资额在高峰时就超过2.4万亿元，还有大量的场外配资、伞形信托等，这也导致了短时间内股市大跌，先是配资盘倒下，接着融资盘、恐慌盘纷纷大量抛售，不少账户被强制平仓，很多投资者血本无归。这跟以前历次股市大跌都不一样，以前几乎没有杠杆，强制平仓盘很少。面对股灾，大部分投资者六神无主。7月8日是黎明前最黑暗的一天，不少投资者给我打电话，说不知如何操作。我十分坚定地回答：市场已跌得差不多了，最好能扛住。晚上跟一个老同学交流时，我说“今天我特别轻松”，因为我的优质股三诺生物（300298）、博腾股份（300363）从跌停拉到接近涨停，这说明市场已基本见底，而后来的走势也证实了我对行情走势的判断是正确的。

面对股灾，管理层及时应对，救市措施力度空前，在中国证券史上也极为罕见。6月27日，央行降息0.25%，定向降准0.5%。7月1日，证监会发布《证券公司融资融券业务管理办法》，担保物违约可不强制平仓，并决定从 8 月起将 A 股交易结算费用降低三成，过户费降低 33%。7 月 2 日，内地四大蓝筹 ETF 遭净申购 395 亿元人民币，汇金证实已买入 ETF 并将继续操作；拟实施期货合约差异化交易费、对持仓量前 50 名客户进行重点排查、防范和打击蓄意做空行为；监管层宣布证金公司将增资至 1000 亿元维护市场稳定。7 月 3 日，证监会相应减少 IPO 集资金额，28 只新股发布暂缓发行公告，国务院宣布暂停新股发行。7 月 4 日，内地 21 家券商联合出资购买蓝筹股 ETF（6 月底净资产 15% 出资，不低于 1200 亿元人民币）。7 月 5 日，央行通过多种形式给予证金公司流动性支持。7 月 6 日，57 家公募基金出资逾 21 亿元人民币投资股票型基金。7 月 7 日，中证 500 指数单日单向开仓限制 1200 手。7 月 8 日，中金所提高中证 500 指数空单保证金至 20%；证监会申明证金公司将继续维护蓝筹股稳定，同时加大对中小市值股票的购买力度；国资委要求市况波动期间央企不得减持控股公司股票；证监会鼓励企业高管增持，放宽购入限制；证金公司向 21 家券商提供 2600 亿元人民币信用额度；央行发布《关于支持股票市场稳定发展的声明》，多种渠道支持证金公司维护股市稳定。7 月 9 日，中金所提高中证 500 指数空单保证金至 30%；公安部带队排查恶意卖空股票与股指线索，汇金公司承诺不减持四大行并且择机增持，证监会宣布证金公司提供充裕资金用于申购公募基金；银监会发布“支持股市稳定声明”，允许银行重新制定股票质押贷款期限。在我看来，政府不遗余力救市主要有如下原因：一是资本市场肩负经济转型的重任，关系国家经济命脉。二是社会资金几乎一锅端，不救市，市场必将彻底崩溃，这极可能会导致全社会发生系统性的金融风险，显然是政府不愿意看到的。三是向世人表明中国政府的勇于担当。

尽管当初我认为市场也有可能出现调整，毕竟半年时间涨得太多了，泡沫也开始显现，但总觉得调整不会太深，社会上其他投资标的越来越少，而资金却有的是。结果，我对于短时间内如此大的跌幅也始料未及，但既然来了，面对巨大的账面损失，我也坦然应对，表现出了一个职业投资者应有的坚强、淡定和自信。现在的我跟以前最大的区别是拥有坚如磐石的投资信念，通俗地说，我是靠信念赚钱的，坚信世界不会因为股市暴跌而变得灰暗，坚信明天太阳照样升起，坚信中国会越来越好，坚信未来很长时期居民资产配置向权益类资产转移不会改变，坚信老龄化趋势不会改变。重温彼得·林奇的经典著作，更使我信心百倍。股市下跌没什么好惊讶的，这种事情总是一次又一次地发生，就像明尼苏达州的寒冬一次又一次来临一样，只不过是很平常的事情而已。每当股市大跌，人们对未来充满忧虑之时，我就会回忆过去历史上发生过数十次股市大跌这一事实，来安抚自己那颗有些恐惧的心。我告诉自己，股市大跌其实是好事，让我们又有一次好的机会以很低的价格买入那些很优秀的公司的股票。

如果说 2011 年至 2012 年间我明白了如何选择投资标的，那么 2015 年短短 3 个月上证指数暴跌 2000 多点的股灾则让我真正懂得了现金管理、风险控制在投资中的重要性，让我学会了耐心和等待，甚至是空仓等待。

第二篇
中国资本市场趋势分析

在任何一个行业，在任何一个地方，平时留心观察的业余投资者就会发现那些卓越的高成长公司，而发现的时间远远早于那些专业投资者。

——彼得·林奇

人生过程中尽管总有遗憾，但我学到了最好的一课——逆境能激发起生命的力度，我们能取得超乎自己想象的成就。贫穷不一定是缺乏金钱，而是内心对希望和机遇的憧憬破灭了。

——李嘉诚

1

第 6 章　中国股市的现状

（一）价值投资新时代悄然降临

上证指数、深证成指、沪深 300 等一批与传统经济密切相关的指数自 2007 年以来持续低迷，2009 年 7 月上证指数在国家 4 万亿元的强大刺激下摸高到 3478 点，这个点位颇具划时代意义。

上证指数 3478 点结束了齐涨共跌的时代，开启了结构性行情、价值投资的新时代。过去 20 多年的中国证券史大致可分为两个阶段，第一阶段是 2010 年 3478 点之前的齐涨共跌的市场阶段，牛市轮番上涨，今天涨钢铁，明天涨环保，并且最终涨幅都差不多，熊市轮番下跌，跌幅也差不多。这其中，最波澜壮阔的大牛市从 2005 年的 1000 点上涨到 2007 年的 6124 点，几乎没有一只股票不上涨 5 倍以上，连 ST 股也不例外。一方面受金融危机的影响，另一方面更多的还是国内经济、社会以及资本市场自身的原因，2008 年股市经历了大幅下跌，上证指数从 2007 年 10 月的 6124 点下跌至

2008年10月的1664点才止住，跌幅达70%以上。最为坚挺的贵州茅台（600519）也从230元下跌至84元，下跌60%以上。第二阶段是2010年在4万亿元投资的推动下上证指数攀升至3478点以后，市场慢慢开始出现了一些变化，逐渐改变了原来齐涨共跌的现象，结构性行情开始愈演愈烈。主要表现在两个方面，一是行业逐渐开始分化，以银行、钢铁为代表的超级大盘股开始绵绵下跌，走势远远落后于大盘，并拖累了上证指数，这也是上证指数远远落后于创业板、中小板，长期低迷的主要原因，相反医药、新兴产业板块则中长期走牛，表现还算可以。二是行业内开始分化。之前的市场更多的是体现板块行情，农业涨，所有农业股票都涨，并且涨幅都差不多；3478点以后，行业内开始逐渐分化，同是汽车行业，宇通客车（600066）、长城汽车（601633）表现相当亮丽，其他的则要差得多，在2012年的弱势环境下，长城汽车（601633）的年涨幅超过120%；白酒板块也是，贵州茅台（600519）明显比五粮液（000858）强；工程机械板块也是如此，三一重工（600031）和中联重科（000157）明显强于其他同行业股票。

因此，3478点以后的市场（2010年至2014年上半年）出现了结构性牛市和结构性熊市并存的现象，这为未来20年甚至更长时间的市场行情奠定了基调。我认为，未来就是指数不断上涨，个股的表现也会参差不齐，逆势调整、逆势大跌的情况会经常出现。美国每年就有许多上市公司退市，我国要是真正落实退市制度，股市的结构性问题还会更加突出。从这个角度上看，真正的价值投资新时代确实已经来临。

上证指数 3478 点以后的市场还有一个显著特征是，基本上结束了指数快涨快跌的时代。尽管 2015 年当年也快涨快跌，但毕竟时隔 8 年之久。之前，中国证券市场呈现的基本上都是快速上涨，快速下跌，时间短，幅度大。2006 年至 2007 年的大牛市中，短短 2 年时间，上证指数上涨超过 5 倍，2008 年 10 月市场触底后大幅反弹，9 个月时间上证指数实现翻番。上涨是极速，下跌也是极速。上证指数从 2007 年 10 月 6124 点下跌至 2008 年 10 月的 1664 点，只一年时间跌幅就达 70%以上。2132 点以后的市场则发生了巨大的变化，呈现在投资者面前的更多是阶段性、结构性行情，体现的更多是个股行情。2012 年上半年，上证指数最大涨幅只有 15%左右，2013 年市场下跌 6.75%，2014 年上半年继续窄幅波动，基本结束了过去动则上涨 30%以上的快速上涨的历史。当然，如今随着宏观经济的改善，上证指数走出长期慢牛行情也是颇值得期待的。2014 年下半年，随着无风险利率的下行和市场流动性的宽松（11 月央行降息降准），以券商、保险、地产为代表的传统产业开始持续大涨，一个月时间，上证指数突破 2500 点、2600 点、2700 点、2800 点、2900 点、3000 点，2015 年市场再接再厉，上证指数掀翻多年来的铁顶 3478 点，6 月一度突破 5000 点，疯牛再现，但在我看来，疯牛是不可持续的，社会资金的流入总有一个限度，大涨大跌过后仍将回归慢牛行情。

2012 年至 2014 年上半年，上证指数依然处在较为疲弱的状态，沪市在 2000 点附近长期弱势盘整，成交量大幅萎缩反映出市场的低迷程度，市场在 4 万亿元的强刺激下于 2008 年 10 月的 1664 点展开报复性反弹，上涨 109% 并上摸 3478 点。但之后上证指数便一路下行，再也没有恢复昔日的辉煌，非常完美地演绎出 5 年熊市的悲壮。

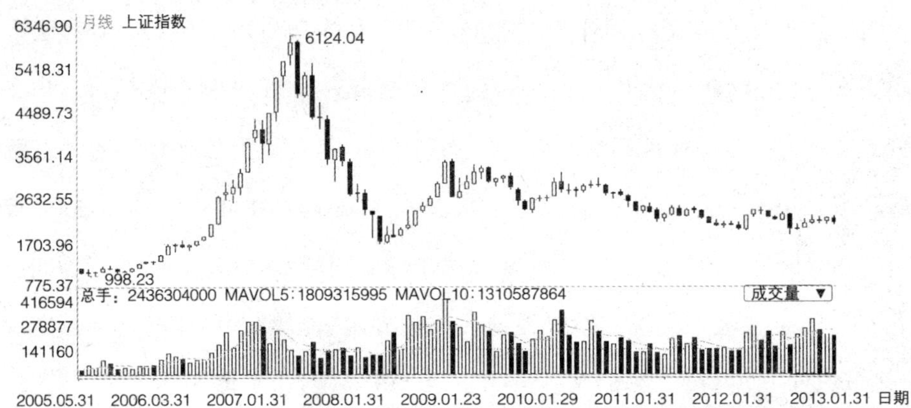

图6-1　2005年5月至2013年12月上证指数月K线走势

就在这看似毫无机会的几年熊市中，在指数缓慢下跌的过程中，却深刻地演绎着一场与经济生活息息相关的个股结构性巨变，甚至可以说是结构性的牛熊转换。这就是近年来人们经常说的结构性行情。

表面上看，上证 50、沪深 300、深证综指 2007 年至 2014 年上半年的表现与上证指数基本同步。但值得注意的是，如果我们稍把眼光放开些，便会得出完全不一样的结论。在这 7 年中，中小板、创业板市场均获得快速发展。

从图 6–2、图 6–3 可以清晰地看出，这些年来，上证指数与中小板指、创业板指数走出了完全不同的走势：沪市经历了 7 年熊市，而中小板和创业板则处于震荡盘升的格局中。

以中小板指为例，沪市在 2007 年 10 月创下历史最高点 6124 点后一

图6-2　2006年至2013年12月中小板指月K线走势

路暴跌，而中小板指则在 2008 年 1 月才创下历史新高 6633 点，之后便同沪指一样出现暴跌。2008 年下半年，在国家 4 万亿元的强大刺激下，沪市报复性反弹 109% 至 3478 点，并于 2009 年 8 月重新下跌。上证指数 3478 点的顶部对中小板来说几乎没有影响，时隔一年多后，中小板指才在 2010 年 11 月创出了新的历史高点 7493 点。

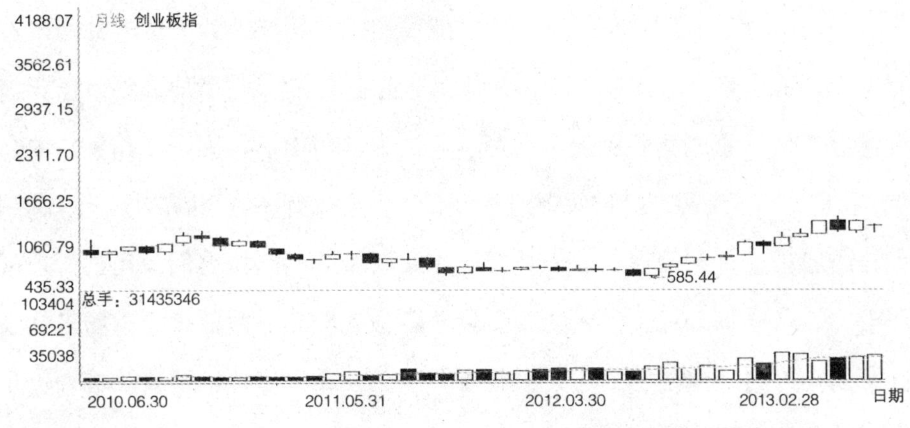

图6-3　2010年6月至2013年12月创业板指月K线走势

创业板指虽与沪市一样一度暴跌53%，但在2012年12月与沪市同步见底后（上证指数在2012年12月阶段性见底，2013年6月又再次创下新低），受行业很高的景气度（逆周期扩张）、并购重组等因素推动，走势与沪市严重背离，走出一轮不同寻常的牛市。这当中，涌现了华谊兄弟（300027）、东方财富（300059）、乐视网（300104）等众多超级牛股，它们的涨幅一点都不亚于2007年的大牛市，甚至远远超过以前的历次牛市。这也是2012年至2014年上半年当不少专业人士认为股市长期低迷，而在我看来不少股票都涨成这样，何来低迷一说的理由。

总之，分析2007年至2014年上半年的市场表现，可以得出这样的结论，这7年仅仅是传统经济占主流的沪市为熊市，而中小板和创业板长期来看则是一个震荡盘升的牛市，有着美好前景的行业中的优秀公司更是涨势如虹。

（二）参与者众多，成交活跃，市场波动大

从2014年11月以来，国内资本市场的成交量持续放大，沪深两市近万亿元的成交量将全球其他主流市场远远抛在后面，与境外成熟市场比如香港近千亿元的成交量有天壤之别。我认为这与市场发展阶段相关。前几年，在房地产、资源产品持续上涨中，不少企业一窝蜂似的搞房地产、煤矿。如今，股市又重新回到人们的视野，而股票投资的门槛更低，几乎人人可以参与，这样每天近万亿元的成交量便不难解释。如此活跃的市场自然会在行情向好时狂涨不已，在大家看淡时也会狂跌不已，市场波动之大也是可以想象的，欧美等国的成熟市场难以望其项背。

第 7 章　2009 年 7 月以来上证指数大幅下挫的深层次原因

不少专业人士认为，2011 年至 2014 年上半年我国的经济一枝独秀，GDP 增速远高于西方发达国家，但股市的走势却截然相反。美国三大指数屡创新高，早已走出金融危机的阴霾，上证指数 2014 年 10 月以前的表现则确实可以说是全球倒数的了。是什么原因导致了这一现象，我认为有以下几点。

一是受制于国内宏观经济因素，传统经济持续下行。2007 年的美国次贷危机引爆了 2008 年的全球金融危机，我国应对金融危机的措施是政府主导的 4 万亿强刺激和信贷大扩张。现在回过头来看，这一应对政策，一定程度上就好比是强心针、止痛药，虽然勉强渡过了难关，却无法从根本上解决中国经济运行中存在的结构性问题。随着时间的推移，产能过剩问题越来越突出，其负面作用也正表现得越来越明显。

从 2010 年开始，4 万亿投资的红利逐渐消失，经济增速隐隐出现了疲态。2011年这种疲态进一步加剧，到第四季度经济增速便开始放缓，进入2012年则已出现明显的回落态势。直到现在，整体经济从高速发展步入中高速发展阶段，经济发展步入了一个新常态。以房地产等相关行业为代表的宏观经济的低迷恐怕还要持续相当长的时间，这中间肯定会有反弹和反复，但什么时候真正好转，还需投资者认真把脉，不可随意下结论。

产能严重过剩，房地产业的“黄金时代”已经过去，地方债务问题重重。在这样的宏观经济背景下，以银行、地产等传统经济为重要成分的上证指数自然难有向好的可能。决定股市大势的根本因素还是宏观经济基本面。虽然股市有时可能会走出背离经济基本面的行情，但那是短暂的，只是沿宏观经济走势曲线的上下小幅度波动而已，最终还是要回到宏观经济走势曲线上来。

在牢记宏观经济走势决定股市走势的同时，还必须看到一个非常值得重视的问题，那就是沪深A股中“老态龙钟”的传统企业至今仍占据着主导地位，银行、地产、石油、有色等强周期行业的权重短时间内仍无法动摇，新兴产业比重太少。这一现象背后凸显着更加深层次的问题，即中小板、创业板之外的中国市场已远远背离全球经济的走势。以往唱主角的企业已经落伍或即将成为夕阳产业，缺乏新鲜的血液，但2014年以来情况正在发生一些改变，不少中小新兴企业选择在上交所上市。

在现有大部分传统行业的上市公司结构中，国有企业占比很重，这就决定了其活力有限、效率不高。2014年国家力推混合所有制改革，2015年国有企业改革又提上重要议事日程，其初衷就是为了激发企业的活力。

大量房地产、金融、钢铁制造业和能源资源等企业正面临着转型升级的巨大挑战。房地产企业积累的风险正开始暴露，银行等传统金融业在互联网金融、经济下行、利率市场化等不利因素下利润增速正在下滑，资产风险也随之凸显，更为重要的是，行业拐点还不清晰，或还远未到来。钢铁和能源资源行业是产能过剩的重灾区，2015 年经营仍然举步维艰。期待靠这类传统产业和企业支撑的沪深股市出现大级别的牛市，无疑是很不切实际的。尽管 2014 年 10 月至 2015 年 6 月，在大量资金涌入市场的大背景下，上证指数终于一改颓势，从 2000 点左右上涨至 5000 多点，最大涨幅超过 150%，但与创业板近 4 倍的涨幅和中小板近 2 倍的涨幅相比，仍相差甚远。

代表经济未来发展方向的新经济形态——互联网等高科技企业，近年来发展势头迅猛，但由于 A 股的择优汰劣机制始终难以建立健全起来，除个别优秀新兴企业在中小板、创业板上市外，很多耳熟能详的大型互联网公司选择了在海外上市。三大门户网站新浪、搜狐、网易已经在美国上市，成长性极好的互联网巨头阿里巴巴也选择登陆纳斯达克。没有新经济就没有新动力，就没有经济可持续发展的后劲，2012 年至 2014 年新经济血液严重缺乏的沪深 A 股由此便陷入了欲振无力、步步后退的僵局之中。

另一方面，中国互联网新经济龙头企业在海外的表现却相当亮丽。百度是中国最大的搜索引擎公司，也是彭博中美指数的第二大权重股，累计涨幅更为惊人。拥有如此庞大市值的百度，股价上扬又如此强劲，结果自然可想而知。据统计，自 2009 年 3 月至 2014 年 5 月，彭博中美指数累计上涨 95%，其中涨幅居前 10 位的公司中有 5 家是新经济企业，包括百度、前程无忧、携程、巨人网络和网易。对此，国内股市投资者，只能望洋兴叹。

追根寻源，这是我国以审批制等行政手段为主来管理股市的必然结果。经过了 20 多年的摸索，现在确实已经到了倒逼中国资本市场加快改革的关键时刻。当务之急就是改审批制为注册制，坚决告别计划经济思维浓重的体制与机制，争取早日实行宽进严出的制度，完善退市制度，使垃圾公司退市成为市场常态，并为大量新经济企业到沪深股市上市扫清制度性障碍，尽最大努力将新经济企业留在国内上市，或者设法吸引百度、腾讯和阿里等互联网巨头回归国内市场，为内地股市注入新动力，最终，让国内投资者分享到新经济企业的发展成果，推动我国资本市场走上可持续健康发展的道路。

值得庆幸的是，中国资本市场正在大刀阔斧地改革，中国股市从 2014 年下半年起也已逐渐恢复活力。

二是全流通、上市公司大扩容导致供需严重失衡。许多专业人士和投资者纷纷质疑中国资本市场，认为 10 余年前的 2001 年 6 月上证指数就已经上摸至 2245 点，如今 10 多年过去了，尤其是在此期间中国经济、社会发生了翻天覆地的变化，汽车、商品房进入普通家庭，民众物质生活水平大幅提高，但上证指数却还在原地踏步（到 2014 年 7 月，上证指数还在 2200 多点）。我认为出现这一现象可从两个方面得到合理解释。其一，2001 年虽然上证指数涨到 2245 点，但当时市场的平均市盈率达到 50 倍以上，处在高度泡沫化状态，2014 年 7 月的 2200 多点，平均市盈率只有 12 倍左右，也就是说，这 13 年的中国经济高速发展填补了大泡沫的窟窿。其二，股权分制改革后我国证券市场逐渐实现了全流通，股改的后遗症暴露无遗，大小非等原来的非流通股喷薄而出，流通市值可谓呈几何级增加。股市的大扩容导致上证指数虽然还在原地踏步，但流通市值已由原来的 1 万多亿元增加到 2014 年 10 月的 20 多万亿元，比 2007 年 6124 点不到 8 万亿元的流通市值要高出很多。

三是房价高涨、高利贷盛行导致证券市场资金大量流失。近 10 年来，随着中国经济的高速发展，房价一路攀升。以北京为例，2004 年至 2012 年短短 8 年时间房价上涨了 4 倍以上，房地产吸走了巨量的社会资金。更为严重的是，绝大多数做实业的企业家宁可把利润投入房地产，也不愿意把赚来的钱投入实业搞技术创新，因此出现了实业空心化的现象。实业是资本市场的基础，实业空心化，很难指望股市节节攀升，上涨也终将是昙花一现。另一方面，上市公司中缺乏创新型优质公司，加上我们市场制度建设还未完全到位，离公正、公平的市场还有相当距离，导致民众宁可投资房地产，也不愿进股市，长此以往便形成了恶性循环。

高利贷盛行是股市流动性紧张的又一重要因素。2007 年至 2014 年上半年，高利贷在南方部分地区十分猖獗，并且大有北上蔓延之势，这又成为金融市场的一个毒瘤。道理很简单，年息高达 20% 以上的高利贷，不难吸引社会闲置资本、产业资本蜂拥而入。这一方面严重影响了实体经济的发展，放贷人或企业本来可以把这些钱投入实体中，将企业做大做强，而由于高利贷的诱惑，原本可以支持经济发展的民间资本游离于实体经济；另一方面，借贷人或企业背着如此高的利息，惨淡经营。此外，高利贷盛行加剧了全社会的系统性风险。2013年以来，媒体上经常报道企业家跑路或跳楼事件，这背后绝大多数跟高利贷有着千丝万缕的关系。谁都知道，如此高的利息，是不可持续的，长此以往，出现资金链断裂是大概率事件。

四是资本市场缺少优质的公司，同质化现象严重。中国的环境很难造就微软、苹果这样既有极强的竞争力又拥有全球市场的优秀跨国公司，这就导致投资者对上市公司的不信任，仿佛一夜间又回到2001年至2005年。2011年北京的冬天特别冷，但这丝毫不影响苹果的粉丝们为了求购一款手机冒着严寒排队10多个小时，试问中国有什么产品能让世界人民排队求购，让国内人民排队求购？某种程度上说，正是因为中国缺乏像苹果、奔驰等创新型、治理规范并能给股东源源不断创造价值的顶尖企业，民众宁可投资买房、放高利贷，也不愿进股市。因此，中国经济不是发展速度问题，而是发展质量问题。韩国拥有三星、LG、现代等世界级企业，美国华盛顿州（首府西雅图）人口不到700万，却拥有如波音、星巴克、微软等国人耳熟能详的公司，相比这下，我国的表现则要差得多。所以说，经济转型中存在的问题才是股市低迷的根本原因，就如同2006年至2007年的大牛市，股权分置改革只是上涨的契机，真正上涨的动力还是中国经济、社会层面发生的巨变。其标志便是居民收入的快速上涨，生活水平的明显提高，经济发展的活力和动力十足。

五是融资融券、股指期货的推出改变了原先单边市的行情格局，对市场产生了持久而深远的影响。2010年，管理层推出融资融券、股指期货，这结束了原先的单边市场行情，投资者在做多的同时可以通过股指期货、融券做空，现在还可以通过期权做空，市场的游戏规则同以前相比发生了很大变化，对冲基金也有了一席之地。在经济转型成功、实现二次腾飞之前，要想上证指数走出泥潭，反转向上，突破 6000 点，甚至迈向更高的位置，确实有一定的难度。

六是上证指数边缘化的结果。从中小板、创业板来看，我国的股票市场表现并不差，估值并不低，2014 年以前的低迷从某种意义上可以说是一种假象。由于上证指数中银行板块、中国石油（601857）、中国石化（600028）、中国中铁（601390）等国有大型企业占指数权重很大，因此它的走势比中小板指数要差一些，比创业板指数就差得更多了。从 2008 年 10 月至 2012 年 7 月，上证指数从 1664 点上涨至 2200 点，涨幅才 30%多一点，同期中小板指数从 2114 点上涨至 4500 多点，涨幅超过 100%以上，并不比美国等国外市场逊色。

第8章　中国资本市场未来展望

未来中国资本市场运行趋势如何？这牵动着每一个投资者的心。早在2012年，就有投资者甚至个别职业投资者、专业人士认为中国股市已经见底，甚至有人疾呼上证指数2132点是“钻石底”，认为市场已处在熊市末端，对自己所持有的银行、钢铁等一路下跌的股票不离不弃、坚定看好，坐等大牛市的到来；也有悲观主义者看到1800点甚至更低，他们的操作思路当然是轻仓操作和阶段性操作。

2012年6月29日，时任中国证监会主席郭树清在上海陆家嘴论坛讲话中明确提出，中国没有理由不能成为一流的资本市场，但他却未对未来一流的资本市场做进一步的阐述。

我认为，目前的中国资本市场遇到了历史上从未遇到过的情况。以前的股市就如国内著名的职业操盘手青泽先生在《十年一梦》中所说：“如果股市波动是循环的，比如说早期的上证指数，从1992年到1996年，几年之间一直在300多点到1500点来回波动；或者像美国的股票市场，从

20世纪50年代开始，从长远看，股票指数一直在稳步上涨，那么，投机者只要稍稍操作得聪明一点，不干太愚蠢的事，在一定意义上，股票交易其实一点风险也没有。”以前我也是这样认为的，一是上证指数会螺旋式上升，突破3000点甚至6000点都是迟早的事；二是各行业板块、各不同股票的表现，放在一个较长的时间来看都差不多，无论什么时候，只要买进相当便宜的股票，总有赚钱的机会。更有甚者，有投资者专门做ST股赌重组，并且乐此不疲，还赚了很多钱。可是，从上证指数2009年上摸至3478点后的市场表现，即一方面上证指数振荡下跌，并迭创调整新低，另一方面每一次反弹都会有不少股票创新高，当然每一次下跌总会有股票创新低，我开始慢慢怀疑自己原来的判断，直至现在我彻底改变了原来的想法。

结合当前中国经济、社会现状，2009年上证指数3478点以后的市场只是国际化、市场化的路演，未来国际化、市场化改革还将不断深化。国际化的主要表现，一是指数经常大幅波动的可能性不大，美国有全世界最好的资本市场，从历史长河来看始终呈振荡向上走势，但20年前道琼斯指数已摸上万点大关，2015年9月也只不过是16000多点，当然中间也有大的波折，如2008年金融危机时从12000点下跌至6000多点。20年内指数上涨了6000多点，才60%多的涨幅，这可谓是典型的慢牛格局。另一个世界经济强国日本（2011年前经济总量仅次于美国）就不那么幸运了，20世纪80年代东京日经指数创下38000多点的历史新高后便一路下滑，如今30多年过去了，再也没有回去过，2015年9月还在18000多点振荡徘徊，因此日本有“失去的20年”之说。二是市场结构分化十分明显，有涨几十倍甚至上百倍的股票如微软、苹果等，也有下跌90%甚至退市的如花旗、雷曼等，更有很多1美元以下的“仙股”，我国香港也是，1元港币以下甚至几分钱的“仙股”很多。世界上最发达的国家和我国香港等地都这样，我们又有什么理由没有1元以下的股票，那些未能创造价值的公司目前5元左右的价格不是太便宜了，而是太贵了。因此，未来中国资本市场的国际化道路还会坚定不移地走下去，这一过程既漫长又痛苦。

在国际化、市场化改革的大背景下，要是改革到位，经济转型不断往好的方向推进，则未来中国资本市场或将走出一轮超乎所有人预期的漫长的蜗牛行情，一改熊长牛短的历史，迎来一轮超出所有人想象的超级慢牛大行情。我坚信中国经济转型一定会成功，6000点也一定会突破，万点大关值得期待。

我之所以有这样的判断，原因主要如下。

（一）中国是继美国之后全球最大、最好的资本市场

前证监会主席郭树清在2012年6月29日上海陆家嘴论坛讲话中明确提出，中国没有理由不能成为世界一流的资本市场。我则认为，中国资本市场将来不仅世界一流，而且将仅次于美国居世界第二的位置，现在的成交量也很能说明这一点。20世纪第二次世界大战后美国经济、资本市场一直领先于世界，过去是这样，现在是这样，将来很长时间内还会是这样，世界上任何国家要想超越美国都不是一件容易的事。道理很简单，美国是

一个移民社会，每天都有新鲜、优质而富有活力的血液输入，美国不是美国人的美国，是世界人民的美国。我们中国也有数以万计的精英在美国工作、生活、学习。这正如北京，北京不是北京人的北京，而是全国人民的北京，因为在北京工作、生活的绝大多数不是地地道道的北京人，而是来自五湖四海。2008 年金融危机后中国的移民潮不断涌现，企业家移民现象不断涌现。2012 年 7 月，我去浙江宁波一个企业班授课，听说班上 60 多个学员有 10 多名已经办了美国绿卡，可见移民现象在东南沿海企业家精英群里是相当普遍的。中国学生去美国留学不仅普遍，并且不断低龄化，现在中学生出去留学已经非常多了。这些社会精英大多是富裕阶层，他们漂洋过海，带去了数以亿计的金钱和财富，自然带动并刺激了美国的消费，相反，我们国内的消费则多少会受到冲击和影响。此外，美国有着先进的制度设计，整个社会的创新能力极强。一个能吸引全球精英的国家，除了得天独厚的地理环境外，还需要先进且合理的制度安排，这一点美国无疑是具备的。经历 2008 年金融危机的短期阵痛后，美国在全球率先复苏，这得益于其源源不断的创新能力，苹果的出现就是创新能力极强的有力证明。

美国的强大举世公认，但举目世界，除美国外，要想找到一个能与中国相媲美和抗衡的国家，也是不太可能的。欧洲，暂且不去说每一个国家所拥有的资源和领土是十分有限的，就是一体化，发展到如此阶段，也有点老龄化的感觉，不仅问题很多，而且缺乏干劲。中国在发展中尽管遇到很多问题，但我们干劲很足，有信心也有能力解决发展中遇到的棘手问题。而曾经不可一世的日本，在遭遇 2011 年地震、海啸后，未来前景也越来越遭到世人的怀疑。金砖五国中的其他四国俄罗斯、印度、巴西、南非，也不可能与中国相提并论。

既然中国无论从总量、发展潜力上看，都是继美国之后最有希望的国家，那么中国的资本市场又有什么理由不发展成世界第二呢？对此，我从来没有怀疑过。这也是尽管身边有不少人的善意的非议，但我还是要把投资事业坚持到底的勇气所在。2012 年 6 月，中国监管层明确提出到 2040 年，我国资本市场的市值将达到 80 多万亿元。要是改革到位的话，我相信这一天是值得期待的。也正是上述原因，笔者认为改革乃大势所趋，不可逆转。2015 年 9 月，国务院印发国企改革指导意见，足见最高决策层的改革决心。中国的经济转型必将获得成功，但亦不能操之过急，中国资本市场绝不会走日本下来后再也没有能上去的道路。只要有足够长的时间，中国经济必将重新雄飞世界，资本市场曾经创下的 6124 点大关终将被踩在脚下。这一天无论多么遥远，作为中国人，我不仅祈祷着，而且期待着。

（二）新的政治周期已经开启

2012 年年底本届政府执政以来，中国的政治环境与以前大为不同。尤其是在反腐方面，力度空前，几乎超出所有人的想象，省部级官员纷纷落马，涉及官员级别之高、人数之多，为新中国成立以来所罕见，国内外也是一片叫好。一方面是打击力度空前，老虎、苍蝇一起打；一方面是标本兼治，政府大力简政放权，根除腐败的温床。反腐无疑将营造相对公平、公正的社会环境，让老百姓看到了未来的希望。

在这样的政治环境下，可以想见，一方面民间的创业激情将得到空前激发，另一方面年年上涨的房地产价格将进入漫长调整期。房地产牵一发而动全身，房地产好比宏观经济的风向标，房地产景气，宏观经济就景气，房地产不景气，宏观经济就不景气。目前，除一、二线城市外，房屋空置问题十分突出，产能过剩开始不断显现出来。除了刚性需求外，投资房地产的已越来越少，大量的社会剩余资金需要寻找新的途径，而股市是最大的蓄水池。这也是 2012 年以来我一直认为现在是创业的时代，也是投资的时代的主要理由。

另外，房地产业需要中央政府的顶层设计，国外发达国家户均 1.1 套房值得我们深思。只有这样，才能避免房地产价格大起大落，宏观经济才会相对稳定，民间的创业激情才会持续，资本市场的繁荣也才会久远。

（三）中国之崛起虽势不可挡，但经济转型的道路十分曲折

1978 年改革开放以来，中国经济 30 多年来确实创造了无数奇迹，我们这一代刚好见证了这一伟大的时代变革。以前出行极其不便，记得上大学前我还没有去过县城，1994 年到北京上研究生坐火车也是一路停停靠靠，30 多个小时才能到达目的地。如今，小学生“漂洋过海”早已不是什么新鲜事，杭州到北京坐飞机才两个小时，坐火车也不过 6 个小时，诸如此类的巨大变化还有很多，它们在短短 10 余年时间成为现实，2008 年金融危机后中国的国际地位、声誉更是与日俱增，中国崛起的势头更加迅猛和势不可挡。

2012年7月，复旦大学谢百三教授在一次演讲中指出：中国有史以来，曾出现过著名的“文景之治”、“贞观之治”和“康熙之治”。改革开放以来，尤其是最近15年来的稳定高速发展时期，尽管中国仍有许多不尽如人意之处，但一些刚性的不可变的基石性因素却使得中国当之无愧被世界人民所看好，当之无愧地将被史学家誉为有史以来最长最大的盛世。这些刚性的不可变的基石性因素主要如下：一是政治局面空前稳定，13多亿人民人心思治，“台独”势力得到了极有效抑制，整个社会向着更殷实更强盛的和谐社会迈进。二是人才多、劳动力多，且物美价廉。中国已经成为世界上最好的无可争议的最佳投资国家之一。三是市场无限大，每年增加人口800万，且人均国民收入、人均居民存款正在不断增长，如此巨大的市场，这么多的人民，任何国家都不能不加以重视。四是各级政府一心一意发展经济，全力以赴改善民生，而且都是战略性的大思维。五是中国人民勤劳、勇敢，遵纪守法，艰苦节俭，储蓄率为世界第一。

我认为以上五大因素几十年不会变，中国必将成为21世纪全球发展最快的大国。

中国经济的发展速度不可谓不快，GDP增长不可谓不高。2012年6月，前世界银行副行长、中国著名经济学家林毅夫公开表示，中国未来20年GDP还能保持8%的增长。此言一出，舆论哗然，质疑声一片，有人直言这又是在“放卫星”，对此，我倒是持赞同的态度。原因很简单：一是中国拥有13多亿人口，消费潜力巨大，未来的消费增长不会有大的问题；二是中国的基础设施还是很薄弱，环境问题仍十分突出，还需要大量投入。

正如前中国证监会主席郭树清所言，全国各地重复建设的现象十分严重，农村六、七年修一次房子，城市拆了建、建了拆早已见惯不惯。正因为如此，中国在未来很长的时间里 GDP 还将保持较高增长水平是没有多少疑问的，但这并不意味着中国经济不存在问题，相反中国经济转型过程复杂而漫长。主要表现在：一是中国传统上是一个人情社会，而人情社会的弊端是显而易见的，重人情、重关系，轻法治，喜欢搞小团体，拉帮结派，这些都与市场化、法治化格格不入。人情社会还有一个毛病就是处关系比什么都重要，我们在工作、生活、就医、小孩上学中遇到问题、困难时，首先想到的就是找领导、找关系。企业家想要获得更好的发展，首先想到的就是跟官员处好关系，而不是如何把产品做好、做精。处关系就离不开吃饭，吃饭又离不开喝酒，无酒不成席，中国资本市场白酒类股票曾节节攀升、屡创新高，白酒类上市公司市值在 2012 年以前动则上千亿元的现象在人情社会里就能得到很好的诠释。二是重复建设现象非常严重。中国拥有古老悠久的灿烂文明，遗憾的是因为设计标准、战争毁坏等原因，全国很难找到百年建筑，20 世纪 90 年代我在中国人民大学上学时，有一段现在回想起来都是非常浪漫的恋爱，可惜的是现在每次回母校，已经找不到原先的一草一木，我们曾经驻足的地方早已面目全非。这一方面说明我国近年来发展速度之快，另一方面也说明我们这个具有悠久历史的民族却不太尊重对历史建筑和文化的保护。具有千年文明和历史的北京城到处是工地施工的场面，其他地方就更不要说了。相反，美国虽然是一个建国历史只有 240 年的国家，全国各地却到处可见百年建筑，我爱人在美国华盛顿州西雅图访学期间，小孩也去美国上小学，她所在的小学的建筑是1926年的，并且现在还十分完好和漂亮，这让我感慨不已。前不久我读到一篇文章，标题是“美国是世界上最浪费的国家”，出于好奇我读完了全文，原来是这样的：美国某一城市铺设下水管道时，按照标准管道直径只要50厘米，但真正铺设时却用了200厘米的管道，看上去短时间内浪费了许多建材，但使用了上百年现在还完好无损，这到底是浪费了还是节约了，读者自会有答案，这真让我们那些偷工减料者无地自容，值得所有国人深思。据报道，美国建筑的平均寿命是70多年，英国更是高达130多年，在牛津三四百年的房子比比皆是，而且保存完好。在我国，建筑标准虽然是50年，但实际上使用寿命只能持续25~30年。建一次房使GDP增加，再建一次又使GDP增加。不只是房子，还有广场、道路、桥梁等，这样一来GDP肯定高，但这种基于重复建设的GDP有何意义呢？房子拆了再建，GDP是上去了，财富却并没有增加，还产生了漫天雾霾、满地尘土。基础设施建设是如此，其他各行各业也有相似之处，缺乏统一规划，更缺乏执行力，产能过剩已成为各行各业绕不过去的话题。钢铁、水泥产业是这样，新能源产业是这样，煤炭产业是这样，连白酒产业都快产能过剩了，这给社会造成极大的浪费和危害。

总之，中国经济转型虽已成为各级政府和全社会的共识，在不远的将来，在13多亿中国人的共同努力下，转型必将取得成功，但过程却注定会十分曲折，道路也将是十分漫长的。经济转型的曲折、漫长，也决定了中国资本市场未来运行的曲折性、复杂性。我认为在转型还没看到希望之前，股市要突破 6124 点的铁顶，还是有不小的难度。

（四）2013 年是改革之年、转折之年、希望之年

2013 年 3 月，时任国务院总理温家宝在全国人民代表大会上明确提出该年是改革攻坚克难的一年。2013 年，李克强总理明确提出，改革是社会的最大红利，必须自上而下围绕简政放权开始大刀阔斧的改革。中国资本市场掀起了一股改革之风，足见中国资本市场近年来改革力度之大，一点不亚于 2005 年的股权分置改革。有人把 2013 年至 2015 年的行情同 2005 年至 2007 年相比较，从改革的角度来说还是有一定道理的，但有一点是肯定的，那就是 2013 年至 2015 年的行情不可能复制 2005 年至 2007 年的大牛市行情，道理很简单，经济环境、市场容量已没有任何可比性。尽管 2014 年下半年以来，资本市场在资金洪流的推进下大幅上涨，开始重现 2005 年至 2007 年的大牛行情，但仔细分析一下，还是有很大的区别。2005 年至 2007 年大多数股票的涨幅都差不多，2013 年至 2015 年则不同，有些股票涨了 20 倍以上，有些基本面不佳的股票则表现得非常一般。

2012 年以来，资本市场的改革力度空前加大，主要围绕以下几个方面展开：一是不断完善退市制度，先后出台创业板、中小板、主板退市办法。许多投资者偏好绩差重组潜在股，中国资本市场借壳上市的案例也层出不穷，屡见不鲜，但这种投资不太符合我的投资理念，对于没有未来、没有业绩支撑的上市公司，我是敬而远之的。二是建设多层次、多产品的资本市场体系。新三板有序推进，挂牌企业大扩容，达到几千家；国际板也一

直在酝酿之中，但遭到国内不少专家的非议。不过，对于我这样的职业投资者来说，我还真的希望多发点新股，早点开启国际板，我们也可以有更多的投资选择。三是狠抓上市公司治理结构，提高上市公司质量，严厉打击内幕交易。2015年9月股灾持续期间，管理层对证券界的整肃已是有目共睹。四是培育壮大机构投资者。目前，我国资本市场机构投资者所占比重只有20%，国外市场这一比重一般占60%以上。近两年来，管理层大力鼓励提高社保和境外合格投资者（QFII）投资额度。五是推进新股发行制度改革，努力降低新股发行价格，采取多种措施防止新股过度炒作。管理层的这些改革措施，都是为了提高资本市场的运营效率，营造一个公正、公平的市场环境，从而吸引场外资金入场。随着资本市场的改革逐渐到位，公正、公平的市场秩序的建立，投资房地产、放高利贷、买信托产品的资金越来越多地开始转向资本市场。

改革孕育着希望，孕育着大的转折。我认为改革前后将会出现一轮历史上从未有过的、悠长而持久的超级大牛行情，这在时间上将超出所有人的想象。其实，这一现象在2012年年底上证指数下跌至2000点附近时已悄然出现，某些行业指数，尤其是某些上市公司的股价早已触底，开始了一轮漫长的攀升行情。对于另外一些尤其是周期类上市公司，在行业周期还未逆转前投资者还是要谨慎，一些基本面仍在恶化的上市公司的股价恐怕还未到底，任何反弹不是应该介入，而是应该减仓出局逃命。我始终坚信，尽管国情不同，但资本市场的国际化道路是不以人的意志为转移的，绩差股最终像欧美、我国香港市场那样沦为“仙股”是迟早的事，投资者对此一定要有清醒的认识。著名财经评论员叶檀指出：不了解转变的市场，可能连逃生的机会都没有。普通投资者必须警醒，今天暂停发行新股，明天就是更大规模的发行融资；今天还能苟延残喘，明天连逃生的机会可能都没有。

（五）当前的市场环境与以往相比发生了质的变化

这些变化主要体现在以下几个方面：一是市场容量与以往不可同日而语，尽管上证指数 2015 年 5 月还在 4000 多点，但流通市值已近 45 万亿元，比起历史最高点 6124 点的流通市值不到 8 万亿元，高出了 4 倍多，并且还在不断发新股扩容。不少新公司将会源源不断地进入资本市场，涌入我们的投资视线，更何况还要建设新三板等多层次资本市场。在这种情况下，就是所有的社会闲置资本都涌入资本市场，短时间内股市要持续大涨也是相当有难度的。二是 2010 年推出的融资融券、股指期货制度改变了市场的盈利模式，原来的市场是一个单边市场，只能通过做多赚钱，短短几个月时间上证指数快速上涨 30%或快速下跌 30%已成为常态，使不少投资者常有坐电梯的感觉。融资融券、股指期货制度推出以后，市场的盈利模式悄然发生了变化，做多能赚钱，做空也能赚钱。2015 年 6 月市场指数到达 5000 点的高位，股市的整体估值已不便宜，一有风吹草动，做空力量便会大增。不久，发生罕见的股灾便是明证，当然这一点并不会影响牛市的演绎，更不会影响大牛股的产生。

总的来说，我认为中国资本市场未来几年的趋势越来越清晰，在经济转型成功之前大幅上涨突破 6124 点有难度，但跌到 3000 点以下也有点杞人忧天，即使瞬间跌到 3000 点下方，但正在崛起的中国，长期在 3000 点下方是不可能的，迅速回到 3000 点上方是大概率事件。虽然指数的波动区间小了，但投资者大可以放心，因为牛股仍不少，关键是要用智慧去寻找。这两年上证指数与创业板相比，虽然涨幅并不大，但不少股票牛气冲天，乐视网（300104）、东方财富（300059）涨幅超过 20 多倍，这在以前的大牛市中都是不曾有过的。2013 年年底，当上证指数还十分低迷的时候，有一位专业人士说得好，股票都涨成这样了，还不是牛市。不妨看看众信旅游（002707）、东方财富（300059）、四创电子（600990）、隆平高科（000998）等股票走势图，可谓一路走牛，丝毫没有熊市的迹象。

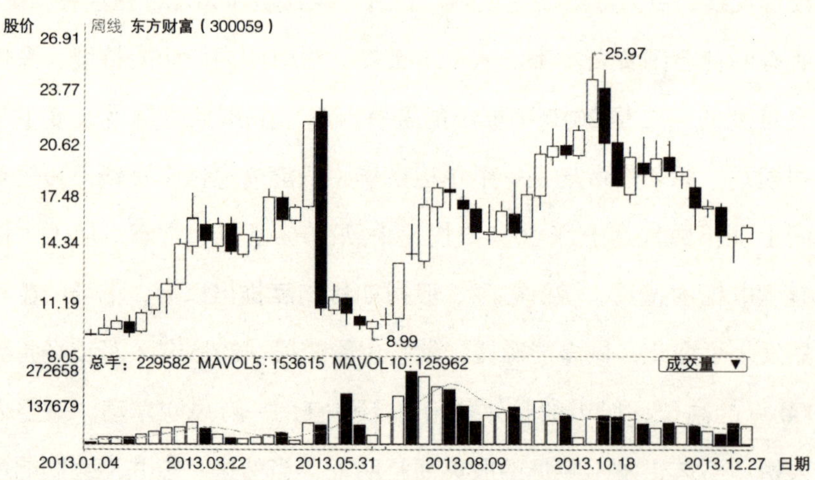

图8-1 东方财富（300059）2013年周K线走势

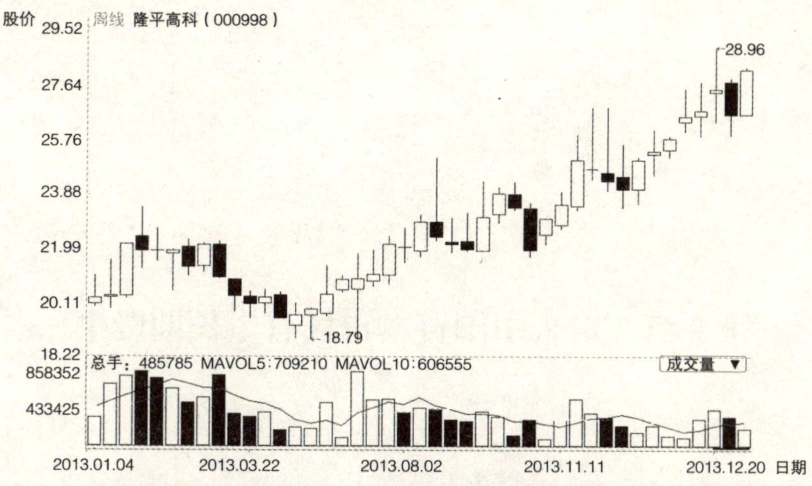

图8-2　隆平高科（000998）2013年周K线走势

第 9 章　未来中国资本市场有望长期慢牛

尽管中国经济转型艰难而曲折，但我坚信，在不远的将来，中国经济转型一定会取得实质性进展，中国式的“苹果”、“微软”一定会屹立在世界的东方，上证指数终有一天会把 6124 点踩在脚下，投资者梦寐以求的万点大关也并不是高不可攀。所有投资者都在期待着这一天的到来，因为这意味着中国真正实现了强国、复兴。

2014 年 11 月 21 日，央行宣布不对称降息并降低存款准备金率，之后的一周（11 月 24 至 28 日），上证指数连续逼空，证券、保险、银行板块轮番大涨。上海证券交易所成交量创下 7401 亿元的历史新高，仿佛一夜回到了 1999 年 5 月 19 日和 2006 年年底的狂热中。其实，早在 2012 年年底，我就提出未来十年是投资的黄金时代，逻辑很简单，投资买房的人将越来越少，大量资金会流入股市，只不过现在已经不同于以往的短缺时代，一损俱损、一荣俱荣的时代已经一去不复返了。2014 年下半年，上证指数连闯2400点、2500点、2600点大关，并且一度冲上3400点，2015年上半年市场再接再厉，突破4000点，6月初已经突破5100点。当然我与很多狂热的机构不同，依然理性，投资理念也更加成熟，把脉行业周期，寻找实质成长，对周期远未改善的行业仍相当谨慎。不幸的是，狂热之后遭遇史上罕见的股灾。尽管如此，我坚信未来一定会走出长期慢牛行情。

（一）经济转型成功已初露端倪

2012年，武汉科技大学董登新教授指出：中国有贵州茅台（600519）、五粮液（000858），但却没有苹果和微软。这一点在当时的资本市场上更是反映得淋漓尽致，市值动辄百亿，甚至超过千亿的白酒类上市公司并不鲜见，相反，制造业企业的市值却低得可怜，大市值公司并不多见。这一现象真实地反映了中国经济的现状，是正在转型过程中的中国经济的真实写照。不过，2013年的情况发生了显著的可喜变化，随着反腐的持续深入，白酒行业步入中长期调整，市值大幅缩小，相反，新兴产业却如雨后春笋，涌现出了一批像乐视网（300104）、东方财富（300059）、华谊兄弟（300027）、汤臣倍健（300146）、碧水源（300070）等的大市值新蓝筹。

经济转型已经成为全社会关注的焦点。在我看来，这是一项极为复杂的系统工程，非一朝一夕之事，光经济转型而经济转型，根本无法达到目的，在短时间内要产生中国式的“苹果”也是颇值得怀疑的。

现在，媒体和社会各界都说中国经济在艰难转型，却很少说社会转型。我自2008年以来，尤其是自2011年以来，在投资生涯中遇到了一些挫折，于是我经常从历史和文化角度思考一些决定市场未来走向的东西。经过几年的艰难求索，我基本上厘清了一些投资思路。相对于欧美等西方发达国家的法治社会、信仰社会，中国是一个传统的人情社会。人们每天忙忙碌碌，业余时间不是在跟朋友喝茶，就是在请客吃饭，大部分时间都在与人打交道，处关系，有什么烦恼一般会找知心朋友倾诉一下。这样的人情社会麻烦就来了，一旦有人发迹，对在成长道路上帮助过自己的人便要给予方方面面的关照。这就是知恩图报，原本无可厚非，可是有的人就会置法律、党规于不顾，对曾经帮助过自己的人运用一己掌握的权力，不遗余力地给予关照。试想一下，大家都这样，这个社会还有公平和正义吗？法律面前人人平等在执行力上势必会大打折扣，而这些也都与法治化的市场经济背道而驰。人情社会的另一弊端就是，人们把大量精力用于营造人际关系了，导致在创新方面的投入远远不足。在人们工作和生活中，大到求学、找工作，小到升职、看病，遇到困难首先想到的是找关系、找领导，而鲜有从法律、规章制度入手去解决问题的。尽管法律、规章制度看似很完善，但在某种程度上赋予行政的自由裁量权太大，执行力不够，要真正实现法治任重道远。

从某种程度上说，经济转型之所以艰难，并非经济转型真的有多难，而是我们传统的人情社会确实不容易转型。当然，并不是没有良方，我认为当前最主要的还是合理削弱政府权力，淡化人情社会，推进依法治国。2010年，我在美国待了大半年，除了首都华盛顿的白宫、国会、政府大楼给我留下一点印象外，其他地方的政府大楼我真的觉得很不起眼。在我们国家就不同，从首都北京到各地，最醒目的一定是政府大楼，企业、个人几乎每天都要跟政府相关部门打交道。政府权力过大是导致腐败的主要根源之一，这提高了社会交易成本。本届政府执政以来，一方面大力反腐，苍蝇老虎一起打，省部级高官落马之多，为新中国成立以来所罕见；另一方面，大力简政放权，减少审批程序和环节。这些举措让人们看到了希望，成了宏观经济环境不断改善和股市开始明显好转的主要原因之一。

要实现经济转型，就要实现整个社会的全面转型。经济转型成功的标志不是 GDP 增速保持多少，而是切实提高经济运行质量，从以前的粗放型、以量取胜转型为精细型、以质取胜。更为重要的是，在中国培育数十家如“苹果”、“微软”等的跨国企业，通过它们带动数以万计的中小企业发展。企业员工的收入大幅提高，必将带动社会消费稳步增长，实现良性循环。

经济和社会转型获得巨大成功，中国市场将不仅有传统的贵州茅台（600519）、五粮液（000858）、云南白药（000538）、东阿阿胶（000423）、同仁堂（600085）、全聚德（002186）等，还有创新型的“苹果”和“微软”式的世界级公司。如此一来，新兴企业带动消费走出泥潭，开启长达十余年甚至更长时间的牛市，很可能不再是遥不可期。但是，那些不求转型的传统企业就是未来上证指数突破 10000 点，也不见得有多少机会，尤其是绩差公司，不沦为“仙股”已属幸运。

（二）改革紧锣密鼓

中国经过数十年的改革开放，除物质层面外，在社会层面的各领域也取得了令人瞩目的成就。在我看来，具体表现在：一是领导人退休制度已深入人心并严格执行。二是小金库现象有了很大的改善。记得 1997 年我上班的时候，逢年过节还发个红包，当时部门不分大小都有自己可以支配的小金库，在分配过程中很容易出现这样或那样的不公平问题，现在不管是工资还是节日补贴都通过银行发放，分配过程相对透明、公平。三是最底层群体收入增长较快。在北京的小时工从前几年的 5 元每小时到现在 25 元多每小时，初步体现了劳动力的价值。

当然中国从传统社会向真正意义上的现代化社会转型艰难而复杂，但我坚信，凭着中华民族的智慧，转型一定能获得成功，到时一个真正强大而富裕的中国必将出现在世界的东方。著名美籍华裔历史学家唐德刚提出长江三峡时说，中国这艘巨轮从鸦片战争驶进长江三峡，三峡迂回曲折，时不时还倒退一下，但终究要驶出三峡，荡气回肠、昂首阔步地奔向大海。

（三）房价基本稳住

近十年来，房价暴涨已成为社会重大问题，成为民众热议的话题之一。房价的大幅上涨有需求方面的原因，过去十年是城市化进程最快的十年。更重要的是，从人口结构上看，20 世纪六七十年代是我国人口出生高峰期，过去十年他们是社会消费主力，有购房的强烈需要。

尽管北京、上海、深圳、广州等一线城市的房价已经很高了，但我认为这些地方的房地产泡沫还是可控的。道理很简单，一线城市独特的区位优势和资源禀赋吸引了全国乃至全球顶尖级公司纷纷入驻，全国各界精英也趋之若鹜，他们的高收入、高购买力，决定了这里的房地产价格要长时间下降是不太现实的。尽管未来我们的孩子可以从父辈那里继承若干套房子，但大量的外来人口仍足以“消化”这些多余的房子。虽然一线城市是这样，但很多二、三线城市，尤其是边远地方则与一线城市相反，房地产泡沫从较长时间来说还是很大的。

房地产问题一直困扰着中国经济，也困扰着中国经济转型。2008 年席卷全球的金融危机和 2010 年以来的欧债危机，更是使欧洲各经济体遭到重创，唯独德国一枝独秀，还保持一定的增长。国内房价稳定，整个社会安心于制造业的发展是一个很大的原因。

中国房价的过快上涨对实体经济和资本市场的危害是十分巨大和显而易见的。按理说，企业家获得的利润应该再投入到企业中，进行扩大再生产和技术改造，实现产业升级。2014 年以前，我们的企业家赚的钱有相当大的一部分用来购置地产，因为买房赚的钱比实业赚的钱更多，这样，产业升级和经济转型就成了一句空话。以欣欣向荣的浙江经济为例，诸暨大唐的袜业、山下湖的珍珠，义乌的小商品，嵊州的领带，不一而足，几乎每个地区都有自己的产业集群。但发展了几十年，大部分企业还是给别人加工，很少有自己的品牌，更不要说有国家级和世界级的企业。对大部分城市中产阶层来说，高房价掏干了他们的大部分积蓄，有的还动用几代人的力量来买房。

经过十多年的持续上涨，这两年又遇到传统经济的不景气，房价终于停止了上涨的步伐。除了刚需外，去投资买房的人越来越少，多余的钱总要寻找出路，股市自然成了最好的去处。2014 年 11 月股市持续放量，巨量资金入市也说明了这一点。

2014 年，国务院总理李克强多次提出，改革是中国最大的红利。中国的一些陈规陋习确实已经到了非改不可的地步。国内著名职业投资家但斌先生也认为，改革是中国出现真正牛市的重要基础。改革主要涉及以下几大方面，第一是城镇化问题，也就是户籍制度。中国社会发展到今天，户籍制度改革已经势在必行，其将给中国带来巨大的活力。第二是伴随着户籍制度改革而来的土地私有化。土地私有化过程，可以使中国社会变得更加安定，使中华民族产生很强大的稳定力量和前进的动力。第三是人民币国际化的问题。大牛市，一定有内因和外因同时在推动。现在，我们谈的所有的供给与需求都是国内的，但如果我们的市场面向全世界，我想它的基础就不一样了。从全球各市场开放的结果来看，至少在早期，市场开放有利于资本市场的上升。第四是官员的财产公示。现在，有很多的富人会选择移民，为什么要移民？因为对未来没有确定的预期。推行财产公示，人们至少对政府的清廉会有一个企盼。实际上，财产公示是让老百姓对一个国家的发展未来有了一个更清晰的判断，使一个社会的发展有更稳定的基础，让人们更愿意在这样的社会工作和生活。第五是遗产税的问题。为什么遗产税很重要，因为我们过去几千年的治理方式与财富创造和毁灭都与此有关。财富一定会向少数有智慧、有眼光者手里集中，这是一条自然法则。

所以，我认为未来十年，一定会有一些重要的、决定中国未来政治基础、文化基础和文明治理方式的重大改革举措，这是真正的牛市的基础。

第三篇
把脉周期，寻找成长

总是会有事让人担心。不要为周末报刊上那些危言耸听的分析评论而焦虑不安，也不要理会最近新闻报道中的悲观预测言论，不要因为被吓得担心股市会崩盘就匆忙卖出。放心，天塌不下来。除非公司基本面恶化，否则坚决不要因恐慌害怕而抛出手中好公司的股票。

——彼得·林奇

周期大致可分为股市的周期和行业、公司的周期。周期在心中，投资就会事半功倍。

——本书作者

1

第 10 章　牛股的共同点分析

过去 20 多年的中国证券市场是一个大起大落的市场，尽管 2015 年 6 月初上证指数已到 5000 点上方，离 2007 年的 6124 点已经不远，市场上也不乏牛股，涨幅超过 10 倍的大牛股也不鲜见。1999 年，以方正科技（600601）、中关村（000931）、海虹控股（000503）等为代表的网络股牛气冲天。2002 年至 2005 年间市场极度低迷，但也涌现出了以汽车、钢铁、石化、能源电力、金融为代表的“五朵金花”。2006 年至 2007 年的大牛市，牛股遍地开花，很少有股票不涨 5 倍以上的。2010 年至 2014 年上半年，中国经济艰难转型，但创业板在 2013 年走出翻倍行情。2014 年下半年，上证指数终于走出泥沼，冲上 3000 点大关，涌现了乐视网（300104）、华谊兄弟（300027）、东方财富（300059）等大牛股。2015 年上半年，市场继续繁荣，大幅攀升，上证指数一度站稳 4500 点，创业板攻上 4000 点大关，中小板也逼近万点大关，股票水涨船高，牛股更多。虽然大部分牛股都是过眼烟云，但也涌现出了一些长牛股，如贵州茅台（600519）、云南白药（000538）、格力电器（000651）、隆平高科（000998）等。

纵观这些牛股，我们可以得出以下几点结论。

其一，牛股基本上可以分为周期股、成长股两大类。银行、券商、保险、地产、有色、煤炭、汽车、钢铁、基建等都曾在中国股市无比风光过，但它们中有些后来股价又回到了原点，这类股票在我看来是典型的周期股，在周期向好、行业向好时股价大幅飙升，出现阶段性走牛，有些持续几个月，有些持续两三年。如 2006 年至 2007 年、2014 年 11 月，券商股一度成为领头羊，但在 2008 年至 2013 年间中信证券（600030）的股价从 37 元跌到 8 元。2015 年 6 月至 9 月的股灾中，中信证券（600030）从 30 多元跌至 13 元附近，跌幅不可谓不大。因此，要把握周期股的阶段性走牛，最关键的是要把脉行业周期，并且要设计好退出路径，尽量避免坐过山车。例如，对于有色金属类股票，我认为黄金、原油等大宗商品的价格见底时间尚早，现在介入还为时过早，等到大宗商品价格基本见底时再布局有色类股票也为时未晚。一旦基本面持续向好，股价的大幅上涨将是意料之中的事。另一类走牛的股票就是成长股，成长股一般股本较小，行业独特，多分布在医药、高科技等领域。如 2014 年 1 月上市的博腾股份（300363）、众信旅游（002707）等，大多拥有核心能力，业绩高速成长，个别优秀的成长股能穿越牛熊，成为市场的真正王者。

其二，代有牛股。社会是不断发展变化的，是不断新陈代谢的，每年都会有不同的股票走出一段精彩。在投资过程中，我们可以适当忽视指数的波动，寻找未来将要出彩的上市公司。市场高度繁荣后出现巨大泡沫后开始崩盘式下跌，其实这样的年份如同 2015 年的大牛市一样，是极其少见的，投资的机会就会少得可怜，或根本没有，如 2008 年，大部分年份市场则是一个振荡市，但牛股辈出。

其三，任何东西都是有周期的。资产价格是与经济景气程度密切相关的，正确理解当前的经济周期位置、判断经济周期的走向非常重要。财富的保值增值靠的是对大周期有一个相对精准的把脉。顺应了大周期，你的投资决策的正确率自然就会提高。大周期里总是嵌套着很多小周期，如果小周期你判断错误，只要大周期你看对，坚定信心持有，最后总是能解套赚钱的。相反，如果大小周期都看错了，及时止损就比死磕到底更明智了。同样的投资信条，无论坚持还是纠错，在不同的情景下获得的结果是完全不同的。所以，世上没有完美的信条，只有最适合当下环境的信条。小周期的起起伏伏较难精准把握，几个周期下来，胜胜负负也累积不出多少超额收益，而大周期一旦选对了，继续持有的获益将更高，这就是老话说的"牛市要捂"的道理。看看大宗商品价格的长期走势，牛熊持续时间都在十年以上，拉长来看，小周期真的是无所谓的事情。所以对于一两年的投资胜负不要太在意，短时间的跌落对投资来说并不意味着什么，这是一场比马拉松还远得多的长跑，保持良好的心态，继续对大周期进行审视，赢家是在最后才出现的。

其四，用周期来解释股市，一切释然。上证指数从 2007 年到 2014 年上半年长期低迷，主要原因仍是宏观经济不景气，传统经济不景气，持续低迷。创业板的一枝独秀仍是由基本面决定的，经济转型期需要以互联网、新技术等为代表的新兴产业的蓬勃发展。创业板中的上市公司虽在宏观经济的逆势中，但行业景气度极高，再加上民营企业的高效率，它们的走牛便是再自然不过之事。所以，在我看来，任何时候我们都可以投资，因为无论经济怎么运行，总能找到现在及未来景气度高甚至极高的行业，从这一点来说，看指数做投资并不是十分可取的。

周期大体上可以分为产业的周期和企业本身的周期。任何一个产业，哪怕这个产业再好，也不可能脱离它本身的周期，也不可能跳过这个周期，如 2013 年至 2014 年的白酒企业，连贵州茅台（600519）的股价都腰斩，别的酒就差得更远了。企业自身也有周期，复星集团创始人郭广昌认为：企业的领导人是有周期的，因为总要换届、总有心情好或者心情不好的时候；再比如，当企业很顺利的时候，问题一定会慢慢积累，而当企业困难重重的时候，在逆境中有望重新爆发，所以企业发展一定会有起起落落。

其五，从无到有的过程就是牛股孕育的过程。人类社会是一部不断发展、不断创造的历史，反映在资本市场上，每当社会有重大进步或社会流行某一潮流时，一批牛股便会应运而生。20 世纪 90 年代，电视、冰箱等家电开始进入中国的千家万户，成就了四川长虹（600839）等大牛股；后来汽车、电脑、手机的普及，相关上市公司又成为市场的王者。当然，一旦行业成熟期已过，大部分相关股票的长期回落将成为一种必然。

著名基金投资经理彼得·林奇说：“事实上很多十倍股都来自于大家非常熟悉的公司。”十年十倍股不是远在天边，而是近在身边。美国如此，中国也是如此。

贵州茅台（600519）十年 22 倍，泸州老窖（000568）十年 12 倍，双汇股份（000895）十年 16 倍，承德露露（000848）十年 16 倍，上海家化（600315）10 年 23 倍，东阿阿胶（000423）10 年 11 倍，伊利股份（600887）十年 12 倍，云南白药（000538）十年 13 倍，天士力（600535）十年 22 倍，国药股份（600511）十年 11 倍，格力电器（000651）十年 29 倍，东方财富（300059）三年 20 多倍。

这些上市公司的核心产品，成千上万的人都知道，也都用过。但是，有多少人会想到这些公司是上市公司，最近十年股票上涨了 10 倍甚至 20 多倍呢？

很多投资者经常问我同一个问题：最近可以买什么？我如何才能找到可能涨 10 倍的大牛股？都想不劳而获，结果却很不理想，因为我说的股票短时间内不一定会涨，甚至还会下跌。比如 2012 年我关注的上海家化（600315），我也告诉许多投资者，虽然该股 2012 年大涨过，但 2013 年、2014 年一直在调整，还会有几个人在坚守呢？作为职业投资者的我，对上海家化（600315）是很了解的，也知道它这两年为什么不涨，反正我有足够的信心继续坚守，这也应了巴菲特的一句话：如果有一只股票你不想持有三年，那么最好一股也别买。大牛股并非像幻想的梦中情人那样远在天边，而是近在身边，就在我们的日常生活中。

生活中并不缺少美，缺少的是发现美的眼睛。生活中并不缺少十倍股，缺少的是留意身边吃的、喝的、用的好产品的有心人。生产这些好产品的公司往往是一家上市公司，它的股票未来成为大牛股的概率是极高的。寻找大牛股需要热爱生活，而不是每天对着K线，分析主力的动向。投资绝不是生活的全部，但与生活紧密相关，如果你平时热爱生活，爱旅游，多陪家人看电影、上餐馆，多去超市购物，多关心老人，多陪他们看病买药。这样，既能享受生活的乐趣，同时也增加了让你找到近在身边的大牛股的机会。

我总结认为，大牛股一般具有以下特征：一是大多属于重复消费品。无论是云南白药（000538），还是贵州茅台（600519），都属于重复消费品，尽管贵州茅台（600519）2013年几近腰斩，但未来一旦预期确定，仍能长期走牛。尽管东方财富（300059）不是传统意义上的重复消费品，但巨量的点击率足以吸引人们的眼球。二是行业龙头，具有较宽的“护城河”。无论是双汇发展（000895）、伊利股份（600887），还是上海家化（600315）、涪凌榨菜（002507），都是行业的绝对龙头，除非未来的市场地位发生变化，否则它们在调整后继续走牛是可以期待的。三是产品质量上乘，深受老百姓喜爱。无论是同仁堂（600085）、云南白药（000538）、东阿阿胶（000423），还是贵州茅台（600519）、五粮液（000858）、上海家化（600315），都是家喻户晓的，只要它们的产品继续在社会流行、畅销，股价的坚挺甚至继续走牛是大概率事件，它们的最大风险是主流消费习惯发生变化，产品逐渐退出消费主流。

结合中国经济的发展现状，2015年尽管经济仍有下滑压力，危机似乎依然存在；引领型的新技术也正在孕育，但是否已能到达爆发点，推生出新一波的繁荣，还有待观察。总体而言，大周期仍处于低位震荡的格局内，中国经济仍在艰难转型，但已有一些起色，阿里巴巴、腾讯、京东等的崛起便是明证。阿里巴巴、京东等互联网公司短短十多年的时间，市值超过了大部分央企，这在以前是想也不敢想的。相反，以房地产为代表的传统产业的调整也不是一朝一夕之事，去产能化也将是长期性的。

2014年下半年前的中国股市，虽然上证指数、沪深300还在低位徘徊，但创业板指却大涨100%以上，指数之间出现如此剧烈的分化在中国证券史上从来没有发生过，也是投资者在2013年年初未曾预料到的。同样让投资者始料未及的是，2014年下半年，传统产业上市公司的股价大涨，上证指数一度突破3000点。从中得到的教训是，我们要敬畏市场，因为正确预测市场几乎是不可能的，而未来在流动性相对宽松、居民配置权益性资产需求上升的大环境下，大盘股和中小盘股、传统和新兴产业走向共同繁荣是大概率事件。

但是，如果从已知的事实分析，我们可能会得出以下三个相对明确的结论：第一个结论是，无论将来股市是涨是跌，总有一些行业会跑赢大盘。首先是科技、传媒、互联网板块即TMT。直观地看，中国基建的产能投资规模已超出世界水平，未来再超预期的可能不大，但TMT产业的投资却相当落后，所以智慧城市、电子医疗、物联网等概念相关的行业在2013年至2014年无论从业绩还是股价表现来看都很优秀。从数量上分析TMT板块占总市值的比重，美国超过20%，中国才5％左右。其次是医药医疗板块，从年龄结构上看，中国人均医药医疗支出在45岁到50岁这五年间据估计会增加70%，而这一年龄区间的人未来将越来越多是大趋势，因此尽管中国的普通消费（如猪肉、服装等）已相对过剩，但美国医疗消费支出占GDP超过16%，而中国只有不到5%，所以医药医疗板块跑赢大盘也是大概率事件。第三是环保板块，日本在20世纪70年代先投资后治理污染，其环保产业产值占GDP近8%，中国还在为达到2%而努力。第二个结论是，无论行业是好是坏，投资行业龙头股的收益都会相对较高。主要原因是，中国经济的产业集中度偏低，未来产业集中度的大幅提升将是一种必然，优势龙头企业占有更大的市场份额是理所当然的。这对企业经营有两个影响：一是效率好的企业必须改造效率不佳的企业，否则整个行业的效率增长就会太慢。2013年以来，机制灵活的民营企业并购风起云涌成了业绩超预期的重要来源，其实创业板从2013年持续走牛很大程度上也是源于并购，正是基于持续并购的强烈预期，市盈率才会维持在高位。二是以技术创新为核心的新兴行业企业快速成长，并且从一开始就表现出强者恒强的特征。中国经济总量如果能够顺利超过美国，应该会出现一批相当于美国道琼斯30或标普500这样的龙头企业。从行业属性上看，现在上证50和沪深300与之不太匹配，而这批能代替过去传统的上证50和沪深300的新蓝筹的出现和持续成长，很可能是中国资本市场未来最精彩的故事。

中国经济结构调整任重而道远，不可能一两年就能完成，反映在资本市场上，长期牛股将主要集中在顺周期行业，未来仍可积极看好医药医疗、TMT、消费、农业、环保、军工等板块，下面将分章节就各行业有可能成为牛股的公司做简要介绍，但绝不构成投资建议。

第 11 章　医药医疗板块

中国正逐渐迈入老龄化社会，生育率低、人口结构老龄化，与之相应的是放开生育政策，全面放开二孩政策，未来婴儿潮将不期而至。老龄化是中国未来必须面对的社会问题之一，因此，我认为最大的受益者非医药医疗板块莫属。养老是未来数十年之中，整个社会都必须面对的问题。解决这个问题不仅需要国家大量投入资金，更需要出台各种各样的扶持政策。与养老有关的医药医疗板块绝不仅仅是短期炒作的题材或者概念，而是一个长期的投资主题，未来成长最为确定，也将是牛股辈出的地方。

医药医疗板块股票很多，但我最为看好的则是拥有独家经营品种并具有核心能力的公司，其中的优秀企业将走出长期慢牛行情。

1. 以岭药业（002603）

以岭药业（002603）是由中国工程院吴以岭院士创建的国家重点高新技术企业，其始终坚持以科技为先导，以市场为龙头的科技创新发展战略，创立“理论—临床—科研—产业—教学”五位一体的独特运营模式，建立了以中医络病理论创新为指导的新药研发创新技术体系。其主导产品覆盖心脑血管疾病、感冒呼吸系统疾病、肿瘤、糖尿病等重大疾病。在老龄化的大趋势下，发展空间广阔，增长相对确定。

公司基药独家品种丰富，竞争优势明显，销量看好。除通心络胶囊外，2013年参松养心胶囊、连花清瘟胶囊新进国家新版基药目录，芪苈强心胶囊、津力达颗粒、养正消积胶囊也相继进入多省基药增补目录，并且都是专利创新药。通心络胶囊是临床治疗心梗、脑梗的主要用药；参松养心胶囊主治心律失常，竞争对手少，仅有步长集团稳心颗粒与之形成较强竞争；芪苈强心胶囊主治心力衰竭，目前没有竞争对手。连花清瘟胶囊是流感病毒类呼吸道疾病用药，连续入选H7N9防治用药目录。此外，津力达颗粒用于治疗Ⅱ型糖尿病气阴两虚证，养正消积胶囊用于不宜手术的脾肾两虚、瘀毒内阻型原发性肝癌辅助治疗，市场前景良好。

公司2014年成立以岭健康城，积极布局医药电商领域，成长性也值得期待。

2. 三诺生物（300298）

三诺生物（300298）是一家致力于利用生物传感技术研发和生产的高新技术公司，主导产品是血糖仪和血糖试纸，其中血糖仪是国家创新基金支持项目，是国家生物医学血糖仪工程高技术产业化示范项目，通过了德国技术集团质量体系认证与欧盟CE认证，产品不仅遍及全国市场，而且大规模出口国际市场。公司产品为我国血糖仪和血糖试纸主导品牌之一，行业龙头地位显著，市场占有率极高，更为重要的是，未来还有替代国外品牌的趋势。随着糖尿病患者逐年增加，若公司竞争优势继续保持领先，增长无虞，则值得长期看好。

此外，公司整体战略清晰稳健。第一阶段，公司目标是成为中国血糖仪普及推动者；第二阶段，公司希望成为全球“血糖仪专家”，从 2013 年开始，针对这一目标的市场策略和产品策略已经铺开；第三阶段，公司目标是成为“糖尿病专家”，不仅生产、制造检测产品，而且能为广大糖尿病患者提供服务。

3. 通化东宝（600867）

公司是国家科技部认定的“火炬计划”重点高新技术企业，公司及大股东东宝集团先后研制推出了“镇脑宁”、东宝肝泰片、脑血康片等一大批国家级新药和拳头产品。在生物制药领域，其产品“甘舒霖”填补了国内市场空白，使中国成为继美国、丹麦之后能生产基因重组人胰岛素、甘精胰岛素的国家。公司已成为国内最大的人胰岛素生产基地之一。

公司专注糖尿病领域，2014 年适时推出实施股权激励，范围广泛（80% 高管及核心技术人员），行权解锁条件合理（未来三年净利润增速不低于 35%、26% 和 24%）。股权激励有利于提高公司凝聚力，激发团队积极性，有利于长远发展。公司产品线日益丰富，口服降糖药已完成生产前研究，甘精胰岛素预计不久将获批临床试验，2016 年上市销售。作为国内胰岛素的主导品牌，目前在大城市应用并不广泛（主要被外资霸占），未来有替代“洋品牌”的可能。

4. 九州通（600998）

公司是一家以药品、医疗器械、生物制品、保健品等产品批发、零售连锁、药品生产与研发及有关增值服务为核心业务的大型企业集团，是中国医药商业领域具有全国性网络的少数几家企业之一。

九州通（600998）天然适合转型做医药电商。九州通（600998）是国内的 OTC （非处方药）配送“王者”，之前主要配送的是药店和医药批发企业，但其品种非常适合转型做医药电商，物流优势将会是公司向医药电商转型极其重要的条件。传统企业要成功实现转型是非常难的，这对所有的竞争对手都一样，但作为民营企业，公司的高效及对新战略的认识是其比对手胜算更大的主要原因。

医药电商市场空间巨大，景气度极高，增势迅猛。2013 年，中国医药电子商务全年规模 42.6 亿，同比增长 166%，2015 年预计将达到 150 亿。2012 年，国内医药电商占药品零售规模约 0.7%，对比美国 30% 的份额，国内医药电商成长空间极其广阔。国内医药电商主要有自建官网或借助淘宝、京东等第三方平台两种经营模式，销售品种主要包括 OTC 药物、保健品、医疗器械等。未来，随着医保和处方药销售等政策逐渐放开，医药电商发展空间将进一步打开。公司有望在医药电商领域领跑整个行业。

5. 汉森制药（002412）

公司主导产品四磨汤口服液作为中药独家品种，老少皆宜，疗效显著，随着营销体系的不断完善，二线品种中缩泉胶囊、银杏叶胶囊也有望持续实现增长。

公司还成功获得四磨汤浓缩丸、干混悬剂、蜜丸、泡腾片、滴丸、四磨汤生物碱和指纹图谱的发明专利证书或专利授权通知，有效确保了公司产品在市场上的独占性。2013 年，公司以 2.82 亿元成功收购云南永孜堂制药有限公司 80% 股权，永孜堂虽是地处云南的中小型医药企业，但拥有 6 个全国独家品种、2 个原研品种、2 个质量标准最新品种。公司的天麻醒脑胶囊、八味肉桂胶囊、利胆止痛胶囊、参七心疏胶囊、百贝益肺胶囊、通舒口爽胶囊为国家发明专利产品，具有自主知识产权。永孜堂产品资源的加入，进一步丰富了公司的产品线。一方面让公司在消化系统、心脑血管领域获得更多的产品支撑，另一方面也为公司获取中药材资源，发展以天麻醒脑为主的天然植物药品及保健品提供了有利条件。

6．天士力（600535）

公司以现代中药制造为核心，是集药材种植、药物研发、中间提取、药品制造、市场营销及售后服务的现代中药产业链建设于一体的行业龙头。近年来，公司通过不断研发和并购，极大地丰富了其产品线，目前心脑血管、消化代谢类、抗感染、抗肿瘤药物、精神类药物多种类产品线并存，且具有核心技术。公司核心产品复方丹参滴丸的销售规模 2013 年接近 30 亿元，而受益于中国将步入老龄社会，心脑血管用药市场快速增长，公司未来依然能保持较快增长。公司二线品种养血清脑颗粒也能保持快速增长，益气复脉和丹参多酚酸未来市场空间巨大。公司在 2013 年开始发力外延式并购，先后收购了天士力帝益和河南天地药业，通过并购使公司的产品线更加丰富。

天士力（600535）产品基本上都是独家品种，相当于专利产品，中药是中国的国粹，优势明显。在国内中药企业中，天士力（600535）在产品研发和国际化上已遥遥领先。

7. 恒瑞医药（600276）

恒瑞医药（600276）是国内化学药的标杆企业，致力于抗肿瘤药、手术用药、造影剂、心血管药及抗感染药等领域的创新和研发，并逐步形成了自主品牌优势。公司是国内首批通过国家新版GMP认证的制药企业之一，同时也是国内第一家注射剂获准在欧美上市销售的制药企业，在中国制药发展史上具有里程碑的意义。目前，公司已有3个注射剂、2个固体制剂、5个原料药通过美国FDA和欧盟认证。

公司已在创新药研发领域做出全面布局。重磅新药阿帕替尼在2014年获批，并在生物创新药、糖尿病等领域进行了全面布局。即将到来的新药上市潮和海外出口的限制突破，奠定了公司未来5~10年的稳健增长。因此公司的长期投资价值非常明显。

8. 健民集团（600976）

公司是全国中成药小儿用药生产基地，国家重点高新技术企业。健民集团（600976）的前身距今已有近四个世纪的历史，其主导产品龙牡壮骨颗粒是小儿补钙的知名品牌，全面放开二孩政策后，公司产品将是最大的受益者之一，增速持续回升值得期待。牛黄业务保持较高增长，在相关政策持续倾斜和2015年新版药典刺激下，公司体培牛黄业务仍将继续保持较高增速。

公司在 2013 年推出新一期股权激励和高管绩效考核计划，其净利润分段累计制计提方式与业绩充分挂钩，将充分激发管理层活力，助推未来业绩。2014 年，公司与中融康健合作成立并购基金，高管团队集体现金参与，显示了公司在外延式并购上的决心，同时也将有效提升并购基金的执行力，外延式扩张步伐必将明显加快。

9. 山大华特（000915）

公司主要拥有两大核心业务，一是环保。公司自主研发的生活污水处理设备、WN- 系列强氧化脱硝装置、流体化氧化反应装置等，可为客户提供技术咨询、设计施工、升级改造等系统化解决方案，是环保问题综合解决方案的先进提供商。二是医药。公司控股的达因制药以“使千千万万中国儿童健康强壮”为己任，专注于“成为儿童保健和治疗领域的领军企业”的宏伟战略目标，主要产品有伊可新（维生素 A/D 胶丸）、国家二类新药伊瑞（格列美脲片）、伊甘欣（甘草锌颗粒）、盖笛欣（复方碳酸钙泡腾颗粒），以及儿童健康食品等。其中，伊可新被认定为中国驰名商标，长期在全国维生素 A/D 制剂药市场及婴儿用维生素市场处于领军地位。随着二孩政策的全面放开，我国婴儿潮即将出现，品牌儿童药市场将迎来发展的黄金时机，作为在儿童药领域耕耘 20 年的达因药业面临着绝佳的发展机遇，稳健成长值得期待。

10. 博腾股份（300363）

博腾股份（300363）是一家按照国际标准为跨国制药公司和生物制药公司提供医药定制研发生产服务的高新技术企业。公司的主要服务内容包括为创新药提供医药中间体的工艺研究开发、质量研究和安全性研究，以及为创新药提供医药中间体的定制生产服务，包括研发阶段的小规模生产服务到商业化阶段的大规模生产服务。公司主要服务于临床试验至专利药销售阶段的创新药，服务的药品治疗领域包括抗艾滋病、抗丙肝、降血脂、镇痛、抗糖尿病等。

作为中国领先的医药定制研发生产企业之一，公司凝聚了一支高素质、具有国际化视野的经营管理团队，并依托商业模式、研发技术、综合管理等方面的优势，在业内树立了良好口碑，已成为全球前 15 大制药公司中 11 家的医药定制研发生产服务提供商。

随着药品监督管理日益严格，创新药研发成本不断提高，全球医药 CMO 行业得到较快的发展。预计未来五年全球医药 CMO 行业年均复合增长率将达到 8.9%。中国凭借明显的成本优势、较高的技术水平和不断完善的法律体系，已成为全球 CMO 最主要的转移目的地。未来几年中国医药 CMO 行业年均复合增长率将保持两位数增长，作为国内行业龙头博腾股份（300363）的发展前景值得长期看好。

2015 年，公司并购东邦医药，有利于完善产业结构，有利于做大做强，且未来的并购仍会持续。作为国内制药行业稀缺品种，公司的成长空间值得期待。

11. 同仁堂（600085）

公司是毋庸置疑的中药老字号第一品牌，有着数百年历史，产品妇孺皆知，具有丰厚的文化底蕴和民族品牌影响力。在北京的很多药店，都有同仁堂（600085）专柜，作为一家国企，公司有望分享国企改制的红利，激发更大的市场活力。

同仁堂（600085）的品牌价值无可比拟，拥有纯正中药产品、丰富中医师资源和遍布全国的销售网络，产品线极其丰富，是潜力巨大的平台型企业。同仁堂（600085）曾经有过极其辉煌的过去，股价也曾经大幅上涨过，但近年来增速放缓，股价长期调整，未来随着激励到位，“老树长新芽”仍值得期待。

12. 云南白药（000538）

云南白药（000538）是一家老字号医药企业，但创新能力很强，从只做白药到其他药品延伸，从只做药到向牙膏、洗发水等日化行业用品发展，并且还很成功，股价自然在 2010 年至 2012 年市场低迷时大幅上涨，成为难得的白马股。

公司的业务分为如下几个板块：一是药品事业部方面，公司目前拥有 300 多个药品品种。2013 年，白药膏和白药气雾剂销售额实现超过 10 亿元，上亿品种达 10 多个，过千万的品种有 40 多个。未来药品事业部的稳健增长主要来自：既有老产品渠道下沉，拓展基层市场；又有内部新产品挖掘，寻找新的增长点。预计公司药品事业部在营销渠道下沉以及内部挖潜下有望保持 20% 左右的稳定增长。二是健康事业部方面，包括牙膏、洗护用品、卫生巾三大产品。展望未来，公司健康事业部牙膏业务虽然市场占有率已经排到第四位，但洗护和卫生巾产品基数较低，随着公司增加相关资源投入，预计有望实现较快增长，有望成为健康事业部新的增长点。三是中药资源事业部，其在低基数上快速成长有望成为现实。未来中药资源事业部的主要看点在于公司将对饮片业务进行整合梳理，推出中药饮品，如公司推出的三七饮片，从选材、重金属去除、烘干技术等方面严格控制，成功解决了传统三七饮片制作中存在的各种问题，属于升级换代的新产品。考虑到目前公司中药材资源事业部基数较低，其有望在低基数上保持较快增长，对公司整体收入增速也有一定的提升作用。

公司通过在大健康领域不断拓展细分市场，成功打造了以中央产品、透皮产品、健康产品、普药产品为核心的四大板块，并在此基础上不断进行产品创新，为公司不断注入新的增长动力，成为过去 10 多年医药股中少有的长跑冠军。展望未来，公司在牙膏系列产品和药品事业部保持稳定增长的情况下，依靠不断推出新的细分产品和内部经营效率提升，仍有望延续稳健的增长趋势，故具有长期投资价值。

13. 东阿阿胶（000423）

尽管同仁堂（600085）、太极集团（600129）都能生产阿胶，但其质量仍不能与东阿阿胶（000423）匹敌，东阿阿胶（000423）在阿胶领域的龙头地位仍无人能超越。东阿阿胶（000423）具有三千年的历史，文化底蕴极其深厚，其传统制作技艺有近百余道，历经千年历练传承，独特精湛，被列为国家级保密工艺，同时被列入国家首批非物质文化遗产。公司以 20 余项专利技术领跑行业。

公司近年内出现了一些积极变化：桃花姬改变包装及销售方式后，销售额保持 50% 以上增速，未来销售额过 10 亿元是预期中的事。随着国企改革的深入，公司有望重新焕发活力，盈利也有望恢复高增长。

14. 白云山（600332）

公司主要有两块业务：一是王老吉凉茶业务。公司努力在产品、渠道和品牌方面寻求创新突破。为解决王老吉凉茶产品规格单一的问题，白云山（600332）推出了新品低糖凉茶、无糖凉茶和固体凉茶，满足了消费者对凉茶类产品的多样化需求；除了原有的商场、超市等渠道，公司还加大了对餐饮、酒店、自动投币饮料机、飞机等渠道的开发力度，迅速提升王老吉在全国范围内的铺货率；公司通过拍摄微电影、与腾讯合作进行世界杯营销等品牌推广新方式，努力巩固和提升王老吉品牌影响力。二是医药业务。制药业务虽仍在整合，但协同效应将逐步体现，2013 年，公司财务费用下降 42.82%，可看出原白云山（600332）和广药重组之后，运营效率开始提升。未来公司将以白云山统一品牌运作全国市场，不断丰富产品线，倡导大健康的大南药有望得到振兴，未来发展值得期待。

15. 太安堂（002433）

公司是南方的一家老字号中药医药企业，主导产品为中药皮肤药及特效中成药，是集科研、生产、销售于一体的专业化制药企业。

公司继承传统，以柯氏祖传中医药宝典《万氏医贯》、《玉井瑰宝》的精髓为依托，逐步研发生产了消炎癣湿药膏、麒麟丸、心宝丸等疗效显著的产品。公司创新能力强，博采古今中外医药精华，融汇现代制药最新尖端科技，大胆探索中药现代化发展新路径，全力构筑皮宝研发立体网络，取得了多项中药现代化课题的技术突破，成为国内中药皮肤病外用药市场的领军企业。

公司积极布局生殖健康领域，国内不孕不育症发病率超 10%，且随着二孩政策的全面放开，潜在患者进一步扩容，市场空间巨大。独家产品麒麟丸为家传保密配方，治疗男女不孕不育，已进主流三甲医院，正开展循证医学研究，拓展科室应用。公司营销力强，线上服务平台已经建成。

随着我国心脑血管患病率上升，心脑血管药物的规模也逐年增加。公司独家产品心宝丸不仅疗效好且具价格优势，同时，二线产品丹田降脂丸、心灵丸也将逐渐增产。

2014 年，公司以 3.5 亿元收购医药电商企业康爱多 100% 股权，开始发展医药电子商务及连锁业务。目前，公司大健康平台初具规模，静待业绩释放。

16. 鱼跃医疗（002223）

公司是国内最大的康复护理、医用供氧及医用临床系列医疗器械的专业生产企业，是国内同行业生产企业中产品品种最丰富的龙头企业之一。受益于我国老龄化社会进程不断加快，医疗服务将会迎来持续快速的发展。

秉承做专做精的理念，公司力争每个主要产品做到行业前三名。目前，公司前六大产品有制氧机、雾化器、血压计、听诊器、超轻微氧气阀五个产品的市场占有率达到国内第一，其中制氧机产品更是达到了全球销量第一的水平。轮椅车、电子血压计的市场占有率为国内第二。

根据战略规划需要，中国华润总公司将退出医疗器械业务，鱼跃医疗（002223）成功受让华润核心资产万东医疗，预计后续整合提效的空间较大。

17. 和佳股份（300273）

作为国内肿瘤微创治疗技术和设备领域的领导者，公司目前是国内唯一一家能提供较为完整的肿瘤微创综合治疗解决方案的企业，产品覆盖近万家医院，并成功为 300 多家医院建设肿瘤综合治疗中心。在医用气体领域，公司完成了技术和市场的全面超越，在客户中获得了“医用制氧专家”的称号。在净化工程领域，公司跳出工程模式的局限，全力打造数字化的洁净手术部系统。在医学影像领域，公司致力于建设基层医疗机构数字化影像远程诊断系统，并多次在政府医学影像产品采购中中标。

公司积极创新，持续探索新业务模式，故看好其未来成长性。公司核心竞争力突出，一方面擅长与医院的合作模式创新；另一方面，通过并购、代理不断拓宽产品线和业务类别，是医疗器械领域不可多得的平台型公司。公司在细胞治疗技术、血液净化技术等方面的探索走在行业前列，预期未来公司将保持持久成长。

18. 红日药业（300026）

公司是一家横跨现代中药、化学合成药、生物技术药、医疗器械等诸多领域，融研发、生产、市场和资本于一体的医药企业，研发领域涉及脓毒症与抗感染类、抗肿瘤类、免疫调节类、血液类、神经类、麻醉类、呼吸类、血管类等，已形成围绕高发病率疾病、高死亡率疾病、需要更有效药物疾病的梯度研发产品群。

公司研发生产的血必净注射液是具有世界知识产权的国际新药，攻克了世界医学难题，填补了脓毒症治疗领域的空白。 未来几年，血必净仍将保持较快增长，血必净是目前经SFDA批准的治疗脓毒症的独家品种，拥有明显的定价优势，预计血必净在新产能释放、医院覆盖率提升、医保目录调整等多重因素影响下，仍将保持较快增长。

公司另一主营业务中药配方颗粒将持续发力，公司正在不断拓展京、津等地以外市场，已陆续开拓广东、上海、河南、重庆等地市场。300吨新产能的陆续投放也将克服短期产能瓶颈，预计配方颗粒未来3年仍可保持40%以上的增速。2015年公司通过并购将实现外延式扩张。

19. 上海凯宝（300039）

公司是一家主要从事中成药生产的现代化制药企业，是国家现代中药高科技产业化示范项目基地。上海凯宝（300039）秉承“诚信做药、良药救人”的理念，历尽10余年拼搏与探索，实现了企业的跨越式发展。公司历经8年开发了具有自主知识产权的现代中药痰热清注射液，该产品主要功能为清热解毒、止咳化痰，在清热解毒类中药注射剂细分市场中占有率稳居首位。上市以来以其先进的工艺技术、优异的质量、确切的疗效、极高的安全性，在近些年“非典”、“人禽流感”、“甲型H1N1流感”等重大疫情中，均被国家卫生部和中医药管理局列为临床指南用药，被国家发改委列为“流感防治中成药储备用药”，成为国家战略储备药品，形成了强大的核心竞争力。

公司还拥有其他中西药产品20个。根据企业发展规划，上海凯宝（300039）将在3~5年内研发拥有完全知识产权的品种2~3个，实现核心品种多元化，保证企业的可持续发展。

公司依靠内生、外延努力扩充产品线，取得了一定成效。先是痰热清胶囊获批，成为公司新的增长点。2014 年 1 月，公司又以 850 万元购得花丹安神合剂，该药正进行三期临床研究总结，有望于 2016 年拿到生产批文。公司账上现金逾 8 亿元，或将进一步通过外延并购获得潜力品种。此外，还有更多新品值得期待，如痰热清注射液 5ml 规格正在补充资料，有望拓展儿科市场；疏风止痛膏和痰热清口服液正进行三期临床研究总结。

20. 科华生物（002022）

公司是中国规模最大的医疗诊断用品产业基地，历经多年积累，已成为中国体外临床诊断行业的龙头企业。

科华生物（002022）是国内首家在深圳证券交易所上市的诊断用品专业公司，融产品研发、生产、销售于一体，拥有医疗诊断领域完整的产业链。公司主营业务涵盖体外诊断试剂、医疗检验仪器、真空采血系统等三大领域。

公司作为研发驱动型高科技企业，创建了临床体外诊断试剂和自动化诊断仪器两大研发技术平台，逐步推进试剂和仪器的“系列化”、“一体化”发展目标。公司产品线延伸策略成效显著；已获得百余个产品生产批文，60 项试剂和仪器产品通过了欧盟 CE 认证，主要产品国内市场占有率稳居榜首。公司在打造国内最优秀营销网络的同时，积极拓展国际市场，科华品牌产品已出口至海外 38 个国家和地区，艾滋病诊断试剂被列入世界卫生组织、联合国儿童基金会、美国总统基金等国际知名机构的采购名录，并与美国克林顿基金会签署了长期供货合同。

2014 年公司引进战略投资者，方源资本的加入带来了正能量。对内可提升运营效率，对外将加快兼并扩张。公司具有体外诊断行业内领先的研发基础和销售渠道，但原有的股权结构导致公司运营效率偏低。方源资本的加入可改良股权结构，输入先进管理经验。同时，我国体外诊断行业集中度低，公司欲巩固其龙头地位，外延式并购值得期待。

21. 达安基因（002030）

公司是以分子诊断技术为主导的，集临床检验试剂和仪器的研发、生产、销售以及全国连锁医学独立实验室临床检验服务为一体的生物医药高科技企业。

作为分子诊断的龙头企业，随着新检测试剂品种的不断获批，分子诊断的主业还将保持超过 30% 的持续快速增长。

独立医学实验室业务正在好转，盈利可期，和其他业务的协同也同样可期。独立医学实验室业务目前共有广州、成都、上海、合肥、南昌、昆明、泰州、济南等中心，随着业务的积累、运营管理的精细化，内部业务的协同效应将会增加，预计将逐步实现盈利。

公司积极布局医疗服务领域，掌握资源，和主业相互协同。2014 年 4 月，公司与中大控股共同投资设立中山大学医院投资管理集团有限公司，布局医疗服务领域迈出实质性一步。

公司基因测序业务的定位和方向很符合行业发展规律，具有前瞻性。基因测序业务从产业链来看分为仪器、试剂、服务三大点，仪器由国外企业垄断、试剂目前也多为国外企业供应。国内企业要想涉足，服务端将是目前主要的切入点。公司将从代理国外仪器、发展试剂、独立医学实验室提供服务三方面切入，积极开拓业务。因此，看好公司在这一业务领域的拓展。

22. 安科生物（300009）

公司长期致力于细胞工程产品、基因工程产品等生物技术药品的研发和核心技术能力的构建，设有博士后科研工作站，是国内最早从事基因工程药物研究、开发和生产的生物制药企业。公司在工业化动物细胞生物制药技术、人源化治疗性单克隆抗体药物开发技术、长效化蛋白质药物开发技术、透皮制剂技术方面实力领先，拥有发明专利 30 多项。

公司主导产品重组人干扰素（安达芬）系列制剂、重组人生长激素（安苏萌）、抗精子抗体检测法试剂盒（安思宝）均属自主研发，拥有自主知识产权，国内市场占有率排名均在前五以内，同时出口 10 多个国家和地区，曾多次中标国外政府采购。

公司在研产品丰富，研发进展顺利。公司坚持以生物医药为龙头，重点发展基因工程药物，并积极向生物检测试剂、现代中药、创新化药等领域拓展，研发力度逐渐加强。公司长效生长激素 I 期临床已顺利完成，长效干扰素已获得临床批件，注射用重组人 HER2 单克隆抗体已经获得临床注射受理，艾滋病、乙肝新药替诺福韦的临床申请也已通过审批。公司目前处在研发积累期，储备了多个优质的在研产品，随着公司研发工作的推进和各产品的陆续上市，公司有望迎来快速发展期。

23. 我武生物（300357）

公司是一家专业从事过敏性疾病诊断及治疗产品研发、生产和销售的高科技生物制药企业，主营创新药物，拥有国际领先水平的生物制药技术。

由于近年来环境污染日趋严重，我国过敏性疾病患者人群增大，尤其是新生儿中过敏性疾病患者越来越多，行业空间广阔，脱敏疗法也逐步被接受。在我国，随着脱敏疗法逐步被广大医生患者所接受，公司作为行业龙头，前景十分看好。公司的粉尘螨滴剂是具有唯一属性的产品，舌下脱敏疗法独家，竞争优势明显，市场占有率较高，毛利率极高。公司在研品种尘螨合剂、粉尘螨滴剂皮炎适应证拓展、黄花蒿粉滴剂以及皮炎诊断贴剂，将大大丰富公司未来的产品线。预计皮炎诊断贴剂有望在两年内获批上市，由于市场上竞争品种较少，其市场前景积极看好。

24. 长春高新（000661）

公司拥有目前国内最好的生物制药平台之一，在研新品种储备丰富，值得长期看好。公司旗下拥有数量不少的优质医药资产，包括长春金赛药业（基因工程药物）、百克生物（疫苗）、百益制药（多肽）、华康药业（中药）等。其中金赛药业是生物制药最早的企业之一，擅长基因工程药物，目前主打品种为生长激素水针（独家）；百克生物为疫苗平台，目前主打水痘疫苗、狂犬疫苗；百益制药在研的多肽药物平台，主要在研品种糖尿病药物艾塞那肽；华康制药以中药品种为主。生物制药平台值得长期看好，产品梯队非常丰富：目前独家拥有生长激素水针剂；作为升级品种的长效生长激素也已经获批等待 GMP 认证，未来将有更大的市场潜力；在等待现场认证的产品有重组人促卵泡素，在研产品丰富，产品梯队丰富。其中，生长激素水针是现有优势品种，长效生长激素和治疗不孕不育的促卵泡素是未来 5 年内可提供持续业绩增长动力的新品种、大品种。产品梯队明显，且衔接顺畅。

公司主要生物药子公司金赛药业终端数据增长快速，重磅新产品为后续发展不断增添动力。生长激素主要适应证为矮小症，随着家长对小孩的生长发育更加重视，矮小症的治疗率还有可能进一步提高。促卵泡素作为生物药中的首仿药物，被用于治疗不孕不育症和辅助生殖，市场增长空间大。

公司未来的大品种正在不断酝酿中：生长激素新适应证开发、长效生长激素获批是后续主要利润增长点，同时促卵泡素等大品种的研发进展顺利，而且未来在生殖、内分泌领域甚至其他领域的产品线有望做出进一步拓展，公司是研发驱动型公司，有长期发展潜力。

25. 乐普医疗（300003）

公司是从事冠状动脉药物支架、先心封堵器、心脏瓣膜、造影机等心血管疾病植介入诊疗器械及设备产品研发、生产与销售的高新技术企业。目前拥有国内外 8 家子公司，产品临床应用覆盖全国 1200 家以上心脏诊疗中心，已发展成为国内领先的心血管病植介入诊疗器械与设备的高端医疗产品产业集团。

2014 年，公司变更实际控制人，发展进入新阶段。经过 2013 年 11 月和 2014 年 6 月的两次连续增持，公司总经理蒲忠杰成为公司实际控制人，困扰公司多年的股权问题得以解决。公司围绕心血管领域打造综合的医疗服务平台，发展空间值得期待，未来在药品领域采用并购的概率较高。公司目前新产品储备丰富：完全可降解聚合物支架已完成动物实验，疗效不错，已经启动临床试验；植入式双腔心脏起搏器基本完成了临床试验；肾动脉交感神经射频消融设备及导管目前正在开展预临床试验，试验进展顺利；新一代数字平板血管造影机正在申请注册证，与上一代相比放射剂量更低，图像显示更加清晰；OCT 光学断层分析仪目前正在临床试验中；乐普药业其他心血管药物也正在有序进行新药临床试验。

26. 通策医疗（600763）

公司主营业务为医疗投资、医院管理。公司以医疗服务为主营方向，计划进军多项专业医疗服务领域，构建以医疗服务为支柱的现代企业发展战略。

公司以口腔医院起家，2011 年布局辅助生殖领域，聚焦医疗服务产业，未来有望受益于国家口腔、生殖行业本身的快速增长，成长为国内专科连锁医院集团龙头。

公司现有主营业务为口腔医疗，已在全国多省开设 17 家口腔医院。由于口腔医院单体投入不大，属于可复制性较强的专科领域，同时公司推出员工基金创新激励，通过与员工共同投资医院进行利益绑定，预计未来公司有望以“中心医院分院”为模式，加快扩张，实现快速增长。此外，公司新增儿童口腔和数字口腔业务，考虑采用互联网模式运营，进一步提升竞争力，预计公司将先在北京和杭州开设三叶儿童口腔示范店。随着人们对口腔护理日益重视，口腔医疗的成长空间将极为广阔。

辅助生殖领域潜力巨大，新增利润增长点可期。随着不孕不育率不断攀升，辅助生殖市场已由隐性变为显性，近年来试管婴儿数量高速增长，市场潜力巨大。公司与剑桥大学合作引入国际顶级辅助生殖技术，与公立医院合作设立辅助生殖中心打造轻资产运营模式，未来有望实现低投入，高回报，迅速扩张。公司有望获得试管婴儿试运营牌照，昆明、重庆两家辅助生殖中心有望开展试运营，成为新的利润增长点。

第12章 电信、媒体、科技板块即TMT板块

科技发展日新月异，新技术、新媒体不断涌现，它们在改变我们生活的同时，资本市场也出现了并还将持续涌现一批代表未来新经济的牛股。

1．乐视网（300104）

公司是近年内崛起的一家新兴新媒体公司，致力于打造垂直整合的“平台＋内容＋终端＋应用”的生态模式，涵盖互联网视频、影视制作与发行、智能终端、大屏应用市场、电子商务、生态农业等。在平台端，乐视公司构建起云视频开放平台和电商平台，其中，云视频平台具备业界最大的带宽储备规模。在内容端，乐视生态拥有乐视网、乐视影业、花儿影视等公司，乐视网影视版权库涵盖100000多集电视剧和5000多部电影，并且正在加速向自制、体育、综艺、音乐、动漫等领域发力。在内容运营方面，乐视网（300104）月度覆盖用户超过3.5亿人次、日均浏览量超过2.5亿人次，其中移动端日均播放量超过1亿人次，大屏日均播放次数超过1000

万。乐视智能终端环节由超级电视、乐视盒子、Letv UI 等共同构成。乐视打造的 Letv Store 是专为智能电视打造的智能电视应用市场，拥有 3000 多款电视应用，并且已经与众多智能电视厂商进行了合作。Letv Store 为用户提供健康、影视、游戏、购物、KTV、教育等多个类型的应用。此外，乐视还将进入互联网生态农业、手机、汽车等领域。

2014 年 8 月，大股东出资 10 亿元认购定增，引入战略伙伴。公司计划向 5 家机构投资者定增，新增股本 1.29 亿股，募资 45 亿元用于补充流动资金，参与方包括乐视控股、中信证券（600030）、蓝巨投资、宁波久远和金泰众和，其中大股东出资 10 亿元，股份锁定期限为 3 年，体现出对未来发展的信心。值得关注的是，此次公司引入战略合作伙伴中信证券（600030），有助于产业资本与金融资本融合，开拓互联网金融市场，而蓝巨投资的加盟则将推动智能终端产品与智能社区的战略整合。

风雨过后是彩虹，乐视生态将继续推进。针对 2014 年国家新闻出版广电总局加强对互联网电视行业的监管，公司正通过与重庆广电的合作积极申请内容牌照，并加快相关终端产品的整改，确保基于“平台 + 内容 + 终端 + 应用”的乐视生态系统继续良性发展，最大化发挥协同效应，以满足互联网时代用户的需求与体验。

2．华谊兄弟（300027）

公司是中国最知名的综合性娱乐公司之一，投资及运营领域涉及电影、电视剧、艺人经纪、唱片、娱乐营销、时尚产业，行业龙头地位显著。

华谊兄弟（300027）是国内最早进行商业化电影制作的民营电影公司

之一，并且曾创造了多个票房奇迹。在电影投资、制作、发行方面积累了丰富经验，公司进一步延伸电影产业链，进入影院放映业务，努力打造电影产业完整产业链的发展战略。

在2013年的一系列并购后，手游业务与电视剧业务已经成为推动公司业绩增长的新动力。银汉科技凭借旗下手游《时空猎人》与《神魔》，2014年全年收入近20亿元。观澜湖冯小刚电影公社已投入运营，实景娱乐板块也已步入业绩收获期，有望进一步提升公司经营业绩，对估值也将形成较为有力的支撑。2015年，公司引入战略投资者阿里巴巴，阿里巴巴的加盟有助于企业的持续健康发展。

公司秉承“产品与格局并重”的理念，在泛娱乐产业各领域积极布局，形成了以上游内容为核心，电影、电视剧、游戏、实景娱乐等多种产品类型并行协动的产品策略，并将借助腾讯、阿里巴巴以及移动、联通、电信三大运营商等进行推广，因而其经营策略与产业格局兼具安全性与爆发力，未来仍将是中国电影、电视等娱乐业的一面旗帜，成长性值得期待。

3．东方财富（300059）

公司是目前国内访问量最大、影响力最大的财经证券门户网站。公司致力于打造专业、权威、为用户着想的财经媒体，自2004年3月上线以来，凭借权威、全面、专业、及时的优势，东方财富网持续位居中国财经类网站第一，并不断扩大与竞争对手之间的差距，巩固自身优势地位。

东方财富网创下了中国互联网发展史上的种种奇迹。东方财富网稳居全球中文网站前10名，中国财经类网站第1名，日均页面浏览量超过1

亿人次，在国内财经类网站中一直遥遥领先。

公司旗下拥有的天天基金网，于 2012 年获得首批第三方基金销售牌照，第三方基金销售业务于 2013 年进入快速发展阶段并延续至今，已经成为公司不可或缺的主营业务，预计未来业务比重将超过 50%。理财市场空间十分巨大，渠道网络化将是未来发展趋势，货币基金网络销售仅仅是一个开始。根据国外发展经验可知，人均 GDP 超过 5000 美元后，理财市场将会进入爆发期，中国的证券、保险、基金等理财产品未来增长空间巨大，随着人们行为习惯的转移以及互联网金融大潮的兴起，网络理财市场前景广阔，债基、股基乃至非标类资产将会逐渐涌入网络销售平台。

公司立足强大的用户基础打造一站式金融服务平台，未来成长空间仍然广阔。据最新统计，无论是用户数量还是用户黏性都处于国内同类平台绝对领先地位。基于此，公司正在努力打造集投资资讯、投资决策和投资交易为一体的一站式金融服务平台，构建东方财富网、股吧、东方财富通、天天基金网、choice 资讯和财富管理（未来）6 大入口。2015 年，公司收购西藏同信证券，发展空间进一步打开，更为重要的是，预计网络券商牌照今明两年或将放开，东方财富无疑是最具竞争力的参与者，如若申请成功，成长空间将更为广阔。

4．掌趣科技（300315）

公司主要从事移动终端游戏、互联网页面游戏业务，已自主研发和代理发行了 200 余款游戏产品。手机游戏是未来游戏的主流，作为行业龙头企业，掌趣科技的市场份额仍有提升空间。

公司确立了“精品化、泛娱乐化、平台化、全球化”战略，在内生增长的基础上不断加强外延发展，持续投资、并购有发展潜力的公司及团队。2013 年收购的公司发展态势良好，新品布局紧凑高效。

2014 年，公司国际业务全面推进，产业投资融合力度加大。目前，公司正成长为面向全球市场的产业链整合者。2015 年，公司全面推进国际发行业务，已在韩国，我国港、澳、台及东南亚等地组建发行团队，投资北美发行商 NOX，并即将布局巴西、土耳其等发展中国家的市场。在产业延伸模式上，公司将积极借助早期基金、成长基金、产业基金、海外并购基金等方式介入文化投资领域，对优质互联网和游戏类的早期项目进行投资孵化，为后续产业整合奠定基础。

2015 年，公司收购晶合思动 100% 股权、天马时空 80% 股权以及上游信息 30% 股权，通过外延式扩张再度强化游戏业务链的核心竞争力，龙头地位愈加稳固。

5．科大讯飞（002230）

公司是一家专业从事智能语音及语音技术研究、软件及芯片产品开发、语音信息服务的国家级骨干软件企业，在语音技术领域是研究时间最长、资产规模最大、历届评测成绩最好、专业人才最多及市场占有率最高的公司，其智能语音核心技术代表了世界最高水平。在语音支撑软件方面，公司持续为 2000 多家开发伙伴提供语音开发能力。在面向全行业提供语音能力的基础上，公司开始加快在教育、移动互联、智能电视、车载等领域的布局，且取得了较大进展。教育业务（语音数码产品、语音评测教学业务及教育教学业务）是公司未来业绩增长的最大看点。

2015 年 4 月公司通过了非公开发行股票预案，募集资金达 21.5 亿元，用于智慧课堂及在线教学云平台项目（18 亿元）及“讯飞超脑”关键技术研究及云平台建设项目（3.5 亿元），进军互联网教育和人工智能领域。

极具科技含量、拥有核心竞争力和一支高效管理团队的科大讯飞（002230），未来的成长空间有望进一步打开。

6. 国民技术（300077）

公司以信息安全、射频为核心技术发展方向，涵盖从前端到后端全过程的 IC 设计技术，拥有逾百项自主知识产权，并在多个技术领域具有创新性突破。公司自成立以来，承担过多项国家“863 计划”专项重大课题。

国民技术（300077）深耕于安全、通信、消费电子三个主流市场。其全力打造的网络身份认证芯片，是中国首颗量产的具有全自主知识产权的 32 位 CPU 核产品，广泛应用于我国金融、税控、海关、电子政务等领域，处于行业领先地位。公司还是中国可信计算产业联盟的发起者之一，其推出的可信密码模块（TCM）产品和方案是我国信息安全产业重要的自主创新成果。

2013 年，国民技术（300077）国有大股东的退出，完善了公司治理结构，并且公司手握 10 多亿元现金，有很强的外延式扩张欲望。2015 年，公司推出股权激励方案，未来成长值得期待。

7. 星网锐捷（002396）

公司是中国网络解决方案领导品牌，聚焦客户利益，致力于通过持续的技术创新，不断提升客户的网络应用体验，为运营商、金融界、政府部门、教育界等各行业企业构建端到端的网络解决方案，为客户网络创造新价值。

公司企业网业务持续受益于信息安全问题。据估计，美国思科公司2013财年来自中国的收入为90~120亿元人民币，“斯诺登事件”使其相比2012财年下降了20%左右。锐捷网络近年来设备性能持续提升，部分高端产品在国内可与华为相媲美，已经能在大部分场合对思科进行替代，未来公司有望充分受益于“去思科化”的进程，延续高增长态势。

星网视易在KTV信息化解决方案领域长期耕耘，市场占有率达40%以上，以目前的发展速度和公司在KTV领域的长期积累，K米系统有望在2~3年内发展到7000家，届时将推动星网视易业绩的持续增长。

2015年公司收购德明通讯和四创软件。德明通讯长期专注于无线数据接入终端产品和解决方案的自主研制生产，与锐捷网络快速成长的无线路由器产品系列在产品、市场覆盖上形成很好互补。四创软件是市场上具有领先地位的防灾减灾信息与应用服务提供商，有利于公司开拓水利市场，未来将逐步向海洋、气象、国土等其他防灾减灾行业延伸，形成新的利润增长点。

8. 人民网（603000）

公司是世界10大报纸之一《人民日报》建设的以新闻为主的大型网上信息发布平台，也是最大的互联网中文和多语种新闻网站之一。

人民网（603000）拥有庞大的资源，市场地位及流量黏性保持行业领先。多频道内容改版有助于提高流量，公司网站的日均页面浏览量和日均访问量持续增长，在全球网站排名中，已升至 60 名左右，影响力不断提升。

公司移动增值业务与互联网彩票业务表现抢眼。公司的移动增值业务增长较快，并且仍在加快移动互联端（如手机视频、移动阅读等领域）的布局。此外，互联网彩票行业未来将迎来爆发，公司合资成立的澳客网营收增长较快，成为新的业务增长点。

继成立人民澳客，收购古羌科技介入互联网彩票、在线阅读业务后，公司又收购看书网，并与子公司共同出资 1.83 亿元收购微屏软件公司 35% 股权。该公司主要从事手游的开发、运营和推广，擅长棋牌类产品，有望进一步丰富种类，并承诺 2014–2016 年的利润不低于 0.42 亿元、0.72 亿元和 0.89 亿元。

此外，人民网（603000）还是体育主题及媒体融合政策的双重受益者。2014 年中央全面深化改革领导小组第四次会议通过了《关于推动传统媒体和新兴媒体融合发展的指导意见》，强调要着力打造一批形态多样、手段先进、具有竞争力的新型主流媒体，形成立体多样、融合发展的现代传播体系。公司凭借优秀的央企新媒体基因、灵活的经营机制，成为最受益的公司之一。此外，体育产业振兴在即，公司较早布局体育文化、彩票业务，无疑也具备一定的先发优势。

9. 中南传媒（601098）

公司是典型的大型综合性出版集团，在地方出版集团中有其独特优势：一是集图书、期刊、报纸、网站、手机报、数字报、框架媒体、电子、音像出版物等多品种、多介质媒体为一体；二是教育出版、大众出版、专业出版三大出版形态发展基本均衡，在全国居领先位置。

公司数字教育布局前瞻，优势明显，空间广阔。旗下天闻数媒是目前国内领先的数字教育整体解决方案提供商，通过“平台 + 内容 + 服务”的商业模式以及 B2B2C 的推广运营策略，数字教育产品研发和落地推广表现抢眼。截至 2014 年 7 月，公司数字教育产品“云课堂”签约学校已达 478 所，区域教育云产品已在五省份实现商用。2014 年，第一季度产品订单超过 1.42 亿元。随着国内数字教育改革的逐步推进，天闻数媒后续市场空间极为广阔。

公司是符合中央加快传统媒体与新兴媒体融合的受益公司，在中央意图打造出版传媒旗舰集团的竞争中优势明显，后续政策支持、股权激励等国企改革红利均将大大激发公司的发展活力。

10. 凤凰传媒（601928）

公司是国内最大的出版发行集团之一，经济规模连续多年位列国内出版行业首位，图书发行规模已经连续多年保持全国第一，是除人民教育出版社以外的唯一拥有完整的自有产权教材产品体系的地区传媒集团。未来在政策支持下，省外市场、数字出版、文化地产等有望成为公司新的利润增长点。

从产业布局看，公司基本面持续向好，转型升级步伐行业领先。首先，数字出版进入盈利期，增长迅速，2014 年增长 30% 以上。数字出版主要是以教育资源为主导，已初步形成覆盖教学全线的数字教育体系。教育类产品整体布局已经完成，进入成熟期，已完成 500 多个品种的开发。其次，数字化教学平台，2015 年将会有较强的爆发力。再者，在线教育网站（主要是凤凰学习网）和职业教育数字化产品 2015 年占比也在迅速提高。

作为江苏文化产业的排头兵，公司还有国企改革和持续并购的潜在预期。

11. 全通教育（300359）

公司一直专注于教育信息化领域的研发与服务，形成了涵盖家校互动、课堂教育、课外教育、校园安全等全过程多媒介的教育信息化产品。

全通教育（300359）先后开发基础教育综合信息管理平台、中小学教师继续教育管理服务系统、教师博客系统、公务员教育系统暨网上党校、中小学校成绩管理系统、教育邮箱系统、校园个性化信息发布与交流系统、快乐 e 课互动教学系统、校园安全综合服务平台等教育管理软件，深受教育系统和各类学校的喜爱。

近年来，国家越来越重视教育信息化建设。在 2011 年出台的《教育信息化十年发展规划（2011—2020 年）》中，明确要求各级政府将教育预算的 8% 用于教育信息化。随着用户群体的不断扩大，未来在线教育市场规模还将进一步增长。公司凭借“用户规模 + 增值服务”有望获得市场主动权，享受行业成长红利，实现快速增长。公司是家校互动信息服务行业领军企业，近年来公司业务不断向广东省外地区拓展，市场份额逐步提高。公司坚持“平台服务 + 业务拓展 + 内容服务”的发展战略，基于原有的海量客户，建立全课网在线教育平台，面向教师、家长和学生推出相应教育应用，并已成功实现商业化，2014 年上半年付费用户增长近 30 倍。未来，公司将加大在线教育平台的研发投入，凭借 O2O 渠道优势进一步提高付费订阅率，公司营收保持高速增长是大概率事件。

2015年，公司收购继教网和西安习悦。继教网是国内最大的K12基础教育教师在线培训平台，旗下全国中小学教师继续教育网为教育部首批推荐的“国培计划”网络培训平台，年培训超200万人次，业务遍及全国31个省（自治区、直辖市），已建立1200多个教师学习和资源中心，独立开发完成13大类近5000门在线培训课程，涵盖学前教育、小学、初中和高中各个学科。另外，西安习悦团队则具有不错的互联网基因。

12. 绿盟科技（300369）

公司是国内信息安全的领军企业，为政府部门、金融、能源、互联网以及教育、医疗等行业用户提供具有核心竞争力的安全产品及解决方案，帮助客户实现业务的安全顺畅运行。

绿盟科技（300369）2014年以4.98亿元收购亿赛通100%股权，亿赛通承诺2014—2016年备考净利润不低于3200万元、4160万元、5408万元。亿赛通是国内最早从事数据安全防护业务的企业之一，拥有国内领先的数据防泄密（DLP）、文档安全管理系统、涉密文档管理系统、文档加密安全网管系统、互联网信息管理平台等产品。公司收购亿赛通后，有助于实现在数据安全和内容安全产品的布局和跨越，实现新的成长，打开新的市场空间。

客户协同效应明显，并购开启全新发展阶段。亿赛通的下游客户主要是信息技术服务企业、制造业领域企业等，而绿盟科技（300369）原来的优势客户在电信、金融、能源、互联网等领域。利用绿盟科技（300369）

的客户资源，亿赛通有望将其产品快速拓展到电信、能源等领域。由于信息安全领域子行业和产品线众多，通过并购进行产品线扩张是行业里公司快速发展壮大的方式，公司上市后利用融资平台有望开启新的并购发展期。

在当今互联网时代，成就了阿里巴巴、腾讯、百度等伟大的互联网公司。伴随互联网的发展，网络安全已显得越来越重要，其将获得同步快速发展已成业内共识，其中的优秀公司必将迎来巨大的成长空间。

13. 网宿科技（300017）

公司是中国领先的 CDN 和 IDC 综合服务提供商，主要向客户提供全球范围内的内容分发与加速、服务器托管与租用，以及面向运营商的网络优化解决方案等服务。

近年来，视频、云计算等应用流量大幅增长，大大带动了公司整体业务量的增长。另外，公司政企业务团队在政府部门、媒体、网络电视台、大型企业等领域实现重大突破。2015 年，公司在云计算加速、政企客户、运营商、移动终端等业务线领域仍将维持较快增速。从产品线来看，2012 年至 2014 年公司陆续推出 WSA、CATM、APPA 等创新业务，对公司收入和毛利提升贡献卓著。目前，公司正在布局流量经营和高清视频加速平台，增值产品推陈出新有望助力公司收入及毛利率持续双升。

公司竞争优势凸显，龙头地位巩固。2014 年，公司收入规模已全面超越蓝汛，行业格局向着更有利于自己的趋势变化。随着公司在技术研发和销售管理等方面的优势不断巩固，市场份额仍将持续提升。

行业景气可持续，热点领域引领 CDN 进入新一轮成长。公司所处互联网产业欣欣向荣，对流量加速需求有增无减，未来公司仍有广阔的成长空间。

14. 鼎捷软件（300378）

公司是亚太地区值得信赖的企业管理软件与服务供应商，是海峡两岸成立较早、用户群庞大的管理软件公司，拥有自主知识产权和创新能力。在企业级互联网开始兴起的背景下，公司作为当前国内最纯正的管理软件厂商，其在制造业和流通业管理软件领域深耕 30 余年，积累了互联网中最为丰富的企业端技术优势和行业经验优势，成为公司进军企业互联网领域最宝贵的财富。未来鼎捷不仅可以按效益向企业收费，还可以根据平台上留存的数据延伸出类似互联网金融等更多的增值服务，未来有望打开数十倍甚至数百倍于现有业务的市场空间。

2015 年公司与移动电商巨头口袋购物合作，共建移动电商生态圈，这让公司未来成长更有想象空间。2015 年 5 月，子公司鼎新电脑股份有限公司与研华股份有限公司签署了合作意向书，双方将就物联网应用方面建立更密切的合作关系，智能制造再加码，必将助力公司客户在工业 4.0 阶段的升级与转型。

第13章　大消费板块

消费领域极其宽泛，绝大部分上市公司都可归为消费板块，包括汽车、地产、家电等，但我最为看好的是与人们日常生活相关的重复消费板块。

1. 贵州茅台（600519）

公司主导产品贵州茅台酒是中国民族工商业率先走向世界的代表，与法国科涅克白兰地、英国苏格兰威士忌并称世界三大（蒸馏）名酒，是我国大曲酱香型白酒的鼻祖和典型代表。

贵州茅台（600519）在白酒中的稀缺性是独一无二的，但在近年来开展的“反腐”浪潮中行业景气度大受影响，股价一度腰斩。在2015年这个时点，行业最坏的时候已悄悄过去，未来缓慢复苏是大概率事件。作为白酒股中的龙头，贵州茅台（600519）股价振荡向上值得期待。

白酒是中国独特的消费品，白酒文化历史悠久，底蕴深厚，未来仍有望长足发展，行业中的优秀企业还有很多，如五粮液（000858）、洋河股份（002304）等，这里不一一列举。

2. 涪陵榨菜（002507）

公司主导品牌为享誉全球的乌江牌榨菜。1981年，乌江牌榨菜被评为全国酱腌菜第一名，获国家银质奖。1991年，乌江牌榨菜荣获在意大利波伦亚举行的国际食品博览会金奖。乌江牌榨菜还获评第二届国际食品博览会国际名牌酿造品。

乌江牌榨菜品种繁多，老少喜欢，每包1.5~2.5元的价格还有很大的提价空间。公司致力于成为酱腌菜行业的绝对领导者，在榨菜产品强势龙头地位稳固的基础上，尝试开发各类酱腌菜新品，是消费品里推出新品且能够盈利的少数公司之一。在公司品牌力和渠道的保障下，看好公司未来的新品开拓能力。此外，公司在2013年年报和2014年半年报中均提到公司"组织开展了对郫县豆瓣、辣椒、泡菜、海带等相关产业企业的跟踪、分析和考察交流，为未来的并购发展作了很好的铺垫"，并在2014年半年报中首次明确说明"逐步探索走并购路子来快速做大做强，夯实企业生产力，扩大企业生产规模"，因此未来有较强的并购预期。

2015年，公司收购惠通食业。惠通食业在泡菜行业拥有突出的行业地位和品牌美誉度，产品现已覆盖全国各大、中城市，并出口至日本、澳大利亚、西亚、欧美等国家和地区，品牌价值突出。

3. 全聚德（002186）

公司是特色餐饮企业，其拳头产品烤鸭闻名遐迩，只要是到北京的游客，去全聚德几乎是必经环节。即使在2013年至2014年，国家狠抓公款吃喝，全聚德（002186）仍门庭若市，人满为患，不提前预约恐怕只能排队等待。当然，其在全国的扩张仍是一件不容易的事。

在我看来，全聚德（002186）最为看好的是大力发展食品工业。公司旗下三元金星和仿膳食品子公司目前产能不足，在满负荷运作下仍是供不应求，此外，公司产品线极其丰富，从烤鸭到咸鸭蛋，从端午的粽子到中秋的月饼，品种应有尽有，且质量上乘，深受北京人民的喜爱。未来如有产品畅销全国，将极有望打开企业的成长空间，增长速度也必会超出市场预期。

4. 双汇发展（000895）

双汇发展（000895）是以肉类加工为主的大型食品集团，是国内肉类加工第一品牌，行业龙头地位稳固且有提升潜力。

公司以当前营销资源和渠道资源为支持的销售收入增长，能够有效转化成利润，边际利润增量效应明显。从目前的肉制品行业和屠宰行业来看，双汇的行业龙头地位稳固。在收购美国SFD后，更是从低价原料和肉制品技术水平上获得支持。中国消费水平提升前景明确，公司的行业龙头投资价值仍较为显著。

5. 三元股份（600429）

公司是北京地区最大的乳制品生产企业，产品是人民大会堂的指定用奶产品。公司在北京市场具有较高的市场知名度，并控制了北京周边国有奶牛场99%的奶源，具有较明显的市场区域优势。

三元作为历届“两会”指定乳品供应商和首都放心奶，产品质量上乘。

2014年，公司引进复星等战略股东，增发40亿元加码奶粉后，收购预期很强。政策上已出台《推动婴幼儿配方乳粉企业兼并重组工作方案》的文件，2015年年底前争取国产奶粉份额达到65%，2018年年底争取达到85%，而当前这一数字不足40%，故支持本土龙头公司收购兼并将是大趋势。作为北京乳制品龙头，巴氏奶占比达95%，符合未来液态乳消费趋势。此外，京津冀一体化也有助于送奶业务的进一步扩张。乳制品中的伊利股份（600887）、光明乳业（600597）已成为行业龙头，三元未来前景仍值得期待。

6. 洽洽食品（002557）

公司是一家以传统炒货、坚果为主营，集自主研发、规模生产、市场营销为一体的现代休闲食品企业，被誉为中国炒货行业的领跑者。

公司坚持以“创造优质产品，传播快乐味道”为使命，经过近10年的潜心经营，产品线日趋丰富，生产运营管理体系逐步完善，产品知名度和美誉度不断提升，洽洽瓜子成为畅销全国的休闲食品。

公司现金流充沛，未来有极强的并购预期，每年有序推出新品，丰富产品线，未来如有新产品畅销全国，成长空间必将进一步打开。

7. 上海家化（600315）

公司是我国日化用品的领导品牌，在与国际巨头竞争的中国化妆品市场上，采取差异化的品牌经营战略，创造了“佰草集”、“六神”、“美加净”、“高夫”等诸多中国著名品牌，在众多细分市场上建立了领导地位。但是2013年至2014年，公司管理层的更迭，核心人物的离职，使公司股价出现持续调整。

公司于 2014 年第一季度公布了未来 5 年发展战略，定位于国际一流的日化企业，聚焦 2 大超级品牌（佰草集和六神）+1 个新品牌（启初）+2 大主品牌（高夫和美加净）。公司 2014 年上半年贯彻该战略，获得了不俗的业绩，彰显出公司作为国内日化行业龙头企业的深厚实力。

公司的核心品牌和渠道资产保持着较高的市场竞争力，清晰的战略有助于强化品牌和渠道效率，巩固核心竞争力，带领上海家化（600315）重新驶入成长的快车道。2014 年，大股东增持股份，公司核心管理层承诺将所持公司股份锁定 3 年不减持并增持股份。管理层对于公司的自信，对提高市场信心起到了积极作用。

作为一家优秀的上市公司，管理层更迭对股价的影响终将过去。

8. 海天味业（603288）

公司是中国最大的专业调味品生产企业，可追溯至清朝的佛山酱园，至今已有 300 年的历史，产品涵盖了调味品等 8 大系列 200 多个规格和品种，是酱油行业的绝对龙头企业，预测未来 3~5 年行业门槛和集中度仍将持续提升，复合增速在 10% 左右。

未来 3 年海天的产能规模将提高 60% 左右。公司的品牌、规模和工艺技术优势，以及超高的精细化管理水平，使公司对上下游合作方有着强大的议价能力。预计未来公司仍将通过开发新品和规模采购降低成本、改进工艺提升原材料的利用率，以及提高高端产品的占比等方式，提升和改善盈利空间。

9. 恒顺醋业（600305）

公司正按照“专业化、品牌化、国际化”的发展战略，充分发挥企业各项优势，全面推行企业内部机制改革，力争成为全球最大的食醋酿造基地。

公司产品品质优良，拥有很高的品牌知名度，但渠道及营销滞后，拖累业绩增长。2014 年下半年，公司细化营销改革方案：其一，继续推进餐饮部市场开拓；其二，重视渠道拓展，逐步梳理经销商关系，给予费用方面投入，提升经销商利润空间，激发经销商积极性；其三，适当加大促销及广告费用投入。

作为醋业龙头，目前 50 亿元左右市值的恒顺醋业（600305）仍有很大的提升空间。

10. 克明面业（002661）

公司是全国挂面行业的领头羊。“陈克明”系列面条不仅遍布湖南，而且畅销北京、上海等 31 个省（直辖市、自治区）的大型连锁超市和城乡市场，并已经成为广大消费者的首选品牌。

公司的长期成长全要通过新品拓展或者外延式并购来完成。2014 年推出的高端产品华夏一面在产品形象上焕然一新，目前整体销售情况良好。华夏一面翻开了公司在品牌形象建设上的崭新一页，相比原有产品，包装、形象有了很大进步，能够给消费者留下清新的感觉，对年轻消费者更具吸引力。新品将挂面原有消费群体向年龄段更低的消费者拓展，有利于开拓新增市场，同时新品类的快速增长市场可以提升公司整体估值。

公司目前依然处于不断扩大市场份额的阶段，因此将投入更多的市场资源、调整产品结构从而做大销售规模，预期收入将保持在 25% 以上的增速，但是短期内无法见到利润的快速增长。未来随着规模扩大、行业集中度的提升，公司的净利率水平将有望出现拐点，业绩提升值得期待。

11. 量子高科（300149）

公司是一家专注于微生态健康事业的国家级高新技术企业，旗下拥有欧力多、阿力果、生和堂等品牌，是国内最大的低聚果糖生产基地，微生态健康事业的领军企业。

2011 年，公司收购生和堂，形成了益生元和龟苓膏的双主业格局。目前，生和堂已全面布局全国市场，经销商数达到 350 家以上，并通过经销商远销北美、澳洲和东南亚等市场。

新品阿力果也已投入市场，反响热烈。公司于 2014 年年初推出益生元的终端产品、肠癌的克星“阿力果”。阿力果是一种有效的营养功能性低聚果糖，能促进人体自身的有益菌增长，从而使肠道的有益菌占据优势地位，维护肠道微生态的正向平衡与机体健康。公司计划通过阿力果官方微信、阿力果官网、阿力果天猫商城进行营销，利用互联网扩大销售。

公司在低聚糖领域具有核心技术优势。公司掌握了技术难度较高的高纯度（95% 以上）粉状低聚果糖的产业化技术，同时掌握了国内领先的固定化细胞和固定化酶生产低聚半乳糖的产业化技术，为国内唯一同时具有高纯度低聚果糖和低聚半乳糖产业化技术并实现规模化生产的企业，可谓占据了益生元生产技术的制高点。

12. 贝因美（002570）

公司是中国婴童产业的领跑者，其婴童奶粉市场占有率较高。贝因美（002570）将继续以国际化、专业化、系统化、集团化为核心战略，谋求可持续发展，打造中国婴童业第一品牌。

2014年9月，恒天然以要约方式收购贝因美2.045亿股股份(占总股本20%)。双方将在澳大利亚组建合资实体，生产婴幼儿配方奶粉，并共同投资建设牧场，开展供应链和知识产权等业务合作。

中国对进口奶粉依存度较高，进口奶粉占牛奶消费总量的15%，进口奶粉中有80%来自新西兰。恒天然在新西兰牛奶加工领域的市场占有率超过80%，贝因美（002570）将成为恒天然旗下品牌进入中国市场的平台。恒天然参股贝因美（002570）后，在中国市场的地位将由原料供应延伸至深加工，恒天然希望能通过贝因美（002570）的网络渠道使旗下品牌的销量获得强劲增长。

贝因美（002570）拥有恒天然品牌背书，在加速整合的行业中竞争优势更为突出，未来仍值得长期看好。

13. 汤臣倍健（300146）

公司已成长为中国膳食营养补充剂领导品牌和标杆企业。

公司并购项目将继续推进，可穿戴设备和运动营养产品有望首先落地。公司将力争通过并购或深度合作的方式，拿到全球或区域知名的全品类膳食补充剂品牌。公司海外并购将重点考虑品牌、产品线和研发实力等，其中运动营养市场增速快，发展前景好，有望成为并购的首选标的。

公司战略目标清晰，将不遗余力地打造家庭健康管理方案提供商，并将向终端服务倾斜，打造营养健康平台，开展全方位的消费者教育与服务，提高消费黏性，通过提供差异化产品和健康管理方案驱动公司成长。

公司积极布局移动医疗，2014 年至 2015 年通过参股深圳倍泰、桃谷科技，控股上海臻鼎等项目布局移动健康平台，未来将可能通过“硬件 + 应用 + 云服务 + 保健品销售”打造闭环管理模式，形成移动健康平台商业模式。

14. 姚记扑克（002605）

公司主营业务极其普通，即扑克制作，但公司努力开展科技创新工作，先后自主研发了一大批专业扑克牌生产设备，这些设备的研制成功，填补了世界扑克制造业的空白，使姚记扑克的机械装备水平处于全球同行业领先地位，市场占有率逐年提高，2013 年销售量达 8 亿副。经过多年的努力，姚记扑克不仅在国内市场独占鳌头，产品还远销海外，并已成为世界扑克牌行业的翘楚。

公司管理层积极进取，开展与扑克相关的产业链。公司设立上海姚记悠彩网络科技有限公司，通过“线下渠道 + 线上渠道 + 专业团队”的模式，强强联合开展电子彩票业务。另外，公司跨界参股上海细胞治疗公司，涉足生物医疗产业。

2015 年，公司收购中德索罗门自行车公司 51% 股权，并以此为平台，开展中高端自行车和智能自行车的研发、生产与销售，进军户外运动和大众健康，进一步开拓成长空间。

公司既专注于快速消费品，又集博彩、细胞治疗、体育等概念于一身，值得中长期关注。

15. 众信旅游（002707）

公司是中国最大的出境游运营商之一，专业提供出境团队游、出境自由行、豪华邮轮、签证等一站式全方位的旅游服务。

2014年，公司通过换股收购竹园国旅（全国出境游批发排名第四）70%的股权，形成利益联盟；大股东冯滨出资4400万元现金参与配套资金增发，彰显对公司未来发展的强大信心。众信横向重组竹园国旅后，跃升为国内最大的出境游批发商，不仅可通过采购协同增强与供应商的议价能力获得成本优势，还可通过丰富的产品和价格优势强化与下游渠道的合作，并提高抗风险能力。

在横向布局的同时，2014年公司参股收购地中海俱乐部，以提升出境游产品竞争力。公司与复星等合作，参股收购全球最负盛名的度假村品牌地中海俱乐部。虽然上述参股带来的盈利贡献或极其有限，但势必将有助于公司实现资源协同，有效提升自身品牌知名度和产品的综合竞争力，体现公司积极向上游扩张的思路。

2014年，公司推出股权激励方案，充分调动中层人员积极性，上下齐心求发展。2014年12月，公司与悠哉旅游网开展战略合作，有利于实现线上线下一体化。公司通过“委托贷款，部分参股”悠哉旅游网的方式，以最小的成本、最快的速度，加快发展线上业务。这次战略合作为公司未来的线上业务拓展打下了坚实的上游资源基础，有望通过资源掌控切实降低采购成本。

未来我国出境游市场还有很大的发展空间，作为行业龙头，公司成长空间极为显著。

16. 中青旅（600138）

公司旗下拥有会展、古北水镇、山水酒店、遨游网等一系列国内知名旅游产品品牌。

“品牌 + 遨游网”有望协同公司各业务实现快速发展。2014 年，公司持续推进遨游网“平台化、网络化、移动化”发展战略，塑造了公司品牌形象，也率先实施了具有中青旅（600138）特色的线上线下 O2O 协同政策，取得了销售收入快速增长的佳绩。随着中青旅（600138）品牌效应的显现和遨游网上线产品的日趋丰富，必将有效协同公司各业务的快速增长。此外，景区将继续保持快速增长：乌镇景区客流仍有望保持稳定增长，古北水镇自 2014 年元旦试运营以来，在未进行大规模宣传及市场推广的情况下，客流量不断突破，未来景区接待人数仍将保持快速增长，从而有望成为公司未来业绩的另一重要增长点。

作为国有企业的中青旅还有很强的改革预期值得期待。

第14章　农业板块

农业是一个国家发展的基础。尤其是拥有13亿多人口的中国，人多地少，粮食安全问题一直比较突出。解决粮食安全问题，主要还是要靠农业科技。

1. 隆平高科（000998）

公司拥有以袁隆平院士为首的一支专业研发队伍，在种子行业有很强的科研能力和创新能力，是行业的绝对龙头企业。

2014年，隆平高科引入中信集团作为实际控制人。公司向中信兴业投资、中信建设、信农投资、现代种业基金和“汇添富—优势企业定增计划”5号资产管理计划定向发行3亿股；交易完成后，中信集团将持有公司21.36%的股份，取代伍跃时先生成为公司的实际控制人。此外，公司承诺2014—2018年归属于股东的净利润分别不低于3.6亿元、4.9亿元、5.9亿元、7.7亿元和9.4亿元，复合增速达到27%。

中信集团及公司高管参与定增彰显对公司未来发展的坚定信心。中信集团是中国国内最大的综合性跨国企业集团之一，此次较为罕见地布局农业板块，展现出其对种子行业以及公司广阔前景的肯定。此外，公司高管通过资管计划增持 2000 万股，显示出管理层对公司未来发展的坚定信心。依托募集资金及中信集团的平台优势，公司在种业领域将加速发展。一方面，获得充足的资金，公司外延式发展的战略思路将得到有效和快速的执行；另一方面，引入中信集团，上升为“国家队”，公司有望借助更高的平台优势，推行其国际化战略。

公司未来有如下看点：其一，公司储备品种丰富，保证内生业绩可持续增长；其二，外延式扩张也值得期待，现阶段中国种业正经历高库存之压，行业结构性分化严重，但对于有实力的企业而言，逆周期外延式并购能够以较低的成本获得更优良的资产，有利于企业迅速实现其做大做强的目标；其三，国际化发展渐行渐近，“一带一路”或将进一步打开增长空间。

2. 登海种业（002041）

公司是以著名玉米育种和栽培专家李登海研究员为首创建的农业高科技上市企业，是继隆平高科后又一家具有核心能力的种子企业，是国家认定企业技术中心、国家玉米新品种技术研究推广中心和国家首批创新型试点企业。

公司新品种有望加速推出。2014 年上半年，农业部公布《国家级水稻玉米品种审定绿色通道试验指南（试行）》，在绿色通道机制下，企业可自行安排区域试验和生产试验。通过企业自行安排区域试产和生产试验，可以大幅提升研发能力强的企业研发新品的进程。而公司作为农业部认定的重点种业公司，新品种绿色通道试验工作已全面展开。在种子行业基本面向好的大背景下，公司有望展开外延式并购，获得跨越式发展，成长性值得期待。

3. 金正大（002470）

公司是一家从事复（混）合肥及其他新型肥料研发、生产和销售的国家重点高新技术企业，专注于为农业现代化提供最佳的作物营养解决方案。公司于 2014 年 5 月完成非公开发行股票，建设农化服务中心项目，已经形成一体化的 O2O 服务网络体系。

公司积极进取，努力整合全球技术，打造世界级工艺水平。2014 年 6 月公司与以色列公司签署合作协议，共同搭建商业平台，在国内推广普及以色列先进的水肥一体化综合技术，并有望开展传感器监测土壤数据与测土配方等全方位合作。

金正大复合肥综合技术国内领先，且目前正在积极探索新型涉农商业模式，看好公司未来成为世界级植物营养专家。

4. 牧原股份（002714）

公司是集饲料加工、养猪生产、屠宰加工为一体的大型现代化农牧企业，集约化养猪规模居亚洲第一。作为全国最大的生猪一体化养殖龙头企业，公司业绩弹性大，在生猪养殖成本控制方面具有独到优势，可以做到成本业内最低，盈利业内最高。2014 年，猪价开始稳步回升，公司的投资价值开始显现。

2015 年，公司实施了员工持股计划，持股价为 60.91 元，锁定期 3 年，充分表明员工对公司的信心。此次员工持股计划将有利于统一员工、管理层和公司的利益，促进公司长期发展。

养殖企业还有雏鹰农牧（002477）、民和股份（002234），同样值得关注，但需要注意的是，作为大型现代化龙头企业的公司也是一家典型的周期性企业，股价将随猪价的起伏而波动。

5. 大北农（002385）

公司是一家综合性农业高科技企业，主营业务为饲料产品生产、销售和农作物种子培育、推广。

2014 年，大北农（002385）公司控股股东邵根伙博士计划向员工持股计划无偿赠予 9848 万股大北农（002385）股票，约占公司总股本的 6%。邵博士此前已明确将把自己持有的大北农（002385）股票比例从当前约 44% 降至 20% 以下，本次方案显然是个开始。通过将自身持股无偿分配给员工，无疑将极大地增强公司员工的凝聚力，也是造就大平台的有力举措。这一举措将保障公司能吸引并留住人才，公司创始人无私、广阔的胸怀为今后的持续发展奠定了坚实基础。大北农（002385）的目标是服务中国一亿头猪和一亿亩地，实现服务生猪头数占中国市场的 14%，地约占水稻、玉米总面积的 13%。通过在业内率先打造的综合服务平台，目前猪饲料业务正快速向着这个目标迈进。

2015 年，公司增发募集资金总额 22 亿元，锁定期为 3 年，用于农业互联网与金融生态圈建设项目及补充流动资金，新业务前景值得期待。公司前瞻性布局互联网项目，重点打造猪管网、智农商城、农信网生态体系，增发募资将继续完善农业互联网与金融生态圈建设，以智农网及智农通（移动终端应用程序）为核心，以智农云服务（农业管理与大数据平台）、智农商城网（涉农产品交易平台）、农信网（农业金融平台）为内容，实现从饲料、种子采购，到生产管理、产品销售、金融服务的全链条综合服务。

第 15 章　环保板块

中国经济 30 多年的高速发展，带来了极其严重的环境问题，全国范围内的雾霾、水污染、土壤污染等，都是经济、社会发展中不可回避的问题。2015 年，人民网播出柴静执导的纪录片《穹顶之下》，政府和民众对环保的关注度大幅提升。中央政府已提出向雾霾宣战，向污染宣战，环境治理的财政投入将会持续增加，环保产业将迎来空前的发展机遇。

1．**龙净环保（600388）**

公司是全国环保产业龙头企业和我国最大的专业从事烟气除尘、脱硫脱硝装置等大气污染治理设备机电一体化的研发制造基地。

2014 年，公司实施了员工持股激励计划，凸显安全边际，有利于形成公司中长期可持续发展的重要动力。

2014 年，广州、浙江、山西等地相关部门明确要求进行火电超低排放改造，使燃煤机组排放标准达到燃气机组水平。若上述要求进行大范围的推广，将大幅提升大气治理市场空间。根据测算，超低排放改造过程中，加装湿式除尘或成为必要的技术手段，其增量市场空间也最为明显，预计2014—2017年火电除尘设施新建、加装湿式除尘、传统除尘改造投资分别为144亿元、256亿元、213亿元，有望助力公司除尘订单景气周期持续至2016年。公司在该领域中具备先发技术及品牌优势，未来成长空间可期。

2. 菲达环保（600526）

公司是全国最大的环保机械科研生产企业，是环保产业中唯一的国家重大技术装备国产化基地，是中国大气环境治理行业的排头兵。公司主要从事电除尘、烟气净化、气力输送等方面的开发、生产、销售、安装及其他工程服务。

得益于国家环境治理宏观政策以及对污染排放企业标准要求的提升，燃煤电厂迎来了除尘改造高峰。公司作为行业龙头，紧贴大气污染治理政策倾斜与市场需求，从环保高端装备及改造市场入手，市场占有率有望保持在35%左右。与此同时，公司新技术市场化取得初步成效，为未来发展打下了良好的基础。

2014年年初，公司实施非公开发行，发行完成后，巨化集团成为控股股东。巨化集团是浙江省最大的化工产业基地，业务覆盖化工、环保、公用工程等领域。公司将在对巨化集团下属环保产业进行整合的基础上，立足于环保行业，坚持做精做强高端环保装备业务，保持在大气治理领域的行业领先地位，并以此次增发为切入点，使业务向污水治理和固废治理等领域拓展。未来，公司将迎来内生增长与外延式扩张的结合，不断开拓新盈利增长点，拓宽业务领域，力争成长为覆盖大气治理、污水治理、固废治理和土壤治理的浙江省综合性环保平台，其成长空间值得期待。

3. 碧水源（300070）

公司是我国膜生物反应器技术大规模应用的奠基者，是我国污水资源化技术的开拓者和领先者，是世界上同时拥有全套膜材料制造技术、膜组器设备制造技术和膜生物反应器水处理工艺技术与自主知识产权的少数公司之一。

随着生态文明建设的推进，污水处理行业将迎来重大发展机遇。据国家环保总局环境规划院、国家信息中心的分析预测，“十二五”和“十三五”期间，我国废水治理投入（含治理投资和运行费用）合计将分别达到 10583 亿元和 13922 亿元，其中用于工业和城镇生活污水的治理投资将分别达到 4355 亿元和 4590 亿元。未来 10 年，用于水污染治理的投资仍将继续保持较快的增长，水污染治理行业的发展空间巨大。同时，再生水是解决我国水资源紧缺的主要途径之一，再生水需求的释放有利于膜技术的推广应用。

2015 年公司推行增发融资，更加充足的资金储备和新股东可能带来的影响力都将有助于公司获取更多的项目。2015 年是污水行业投资的高峰期，公司有望加速增长，作为膜技术行业龙头企业，其未来成长空间广阔。

4. 桑德环境（000826）

公司是中国固废处置产业领域的先锋，在固废处置领域拥有完善的产业链条，可为客户提供项目咨询、工艺设计、产品提供、工程建设等一站式服务。

公司在巩固原有垃圾焚烧发电和生活垃圾填埋业务的基础上，逐渐将业务拓展到餐厨垃圾、医疗废物、上游垃圾清运、污泥处理以及废旧资源综合利用等固废细分领域，固废领域布局趋于完善。2014年上半年，公司对外投资高达6.67亿元，同比增幅近10倍，并成功布局环卫一体化和资源再生领域。未来，新型环卫业务、再生资源综合利用业务将成为公司新的业绩增长点和长期看点，看好公司在固废领域的持续并购带来的成长空间。随着土壤修复行动计划及《土壤环境保护法》等法规政策的出台，我国固废市场将逐步开启，潜在投资规模达万亿元。公司作为国内固废处理业务布局最完善的龙头公司之一，将充分受益于产业政策的利好和行业的高速增长。

2014年11月，公司推出股权激励计划，中长期投资价值可以坚定看好。

2015年，公司大股东把控股权转让给清华控股，清华控股入主后，公司将成为清华系唯一的环保上市平台，环保资产整合大平台开启。作为清华大学的国有独资有限公司和国有资产授权经营单位，清华控股负责经营管理清华大学全部科技型企业，是清华大学科技成果转化的平台和孵化器。清华控股直接控股的能源环保企业包括龙江环保集团股份有限公司、国环清华环境工程设计研究院有限公司、北京紫光泰和通环保技术有限公司、清华阳光能源开发有限责任公司等，未来整合空间巨大。

5. 东江环保（002672）

公司是中国废物处理行业的领先企业。

公司具备全业务链的废物处理能力和成熟的商业模式。公司作为工业危险废物处理龙头企业之一，具有集工业废物处理、市政废物处理、环境工程为一体的完整的废物处理业务链，形成了成熟的商业模式，其综合竞争力突出。随着公司业务的加快拓展，市场占有率还将进一步提升。

依托广东拓展全国，危险废物处理空间广阔。公司深耕广东市场，并通过兼并收购等方式，使业务范围拓展到江苏、浙江、福建、湖北、江西、新疆等省区，业务辐射全国的格局已经初具雏形。危险废物处理行业在环保监管日益严格的宏观背景下，市场需求释放将更为迅速，具备技术与规模优势的龙头企业能够在市场扩大的过程中获得更多的市场机会，成长增速将明显高于行业的平均发展增速。废旧家电处理业务 2014 年开始发力，公司清远、孝感、厦门绿洲废旧家电处理项目 2014 年已逐步投产，成为公司新的业绩增长点，预计 3 个废旧家电处理项目总处理能力将达到 400 万台 / 年，从而跻身国内废旧家电处理企业前列，成长空间明显。

6. 万邦达（300055）

公司已发展成为一家以设计与项目管理服务享誉工业废水处理系统服务行业的企业。公司可以为客户提供工业水处理系统全方位、全寿命周期服务，帮助客户实施工业生产全过程水污染控制，为工业企业提供包括给水、污水处理（排水）和中水回用等的一揽子服务，突破了传统上将给水、污水处理和中水回用相互割裂的服务模式。

工业污水处理前景广阔。我国工业水污染问题依然很严重，污染企业不达标排放比例仍旧很高。近年来，国家陆续出台了一系列政策措施，以推动水处理行业的发展，期待改变目前工业水污染现状，工业污水处理市场将迎来迅速发展的春天。

公司在原有工业水处理领域不断开拓创新、深入发展的基础上，已具备在新业务和新领域尝试新的发展的能力和实力。公司在立足主营业务稳健发展的前提下，将通过涉足节能降耗和大气污染防治设备领域以寻求新的利润增长点。

2014 年，公司收购昊天节能装备股份有限公司和晋纬环保。昊天节能下游客户中包括石化、电力企业，与万邦达（300055）具有较强的客户重合度，有望互相提升影响力。晋纬环保科研能力强，不但能够经济高效地去除有机污染物，有效弥补生物法技术的缺陷，而且能大幅降低单独使用活性炭带来的高昂成本，收购后将增强万邦达（300055）的技术储备实力。

2015 年，公司与九鼎投资共同发起设立万邦九鼎并购基金，聚焦“大环保”产业链上下游具有重要意义的相关标的，基金总规模达 20 亿元人民币。公司有望借助资本市场专业力量，孵化培育更优质的并购资产，并借此展开外延式扩张。

7. 三聚环保（300072）

公司主要从事催化剂、石化助剂和催化新材料的研发、生产、销售及相关的技术服务，产品广泛应用于炼油、化工、天然气、化肥等领域。

公司能源净化转化工程业务有望迎来爆发式增长。公司凭借在气体净化、分离以及催化剂领域的多年经验，将煤炭气化下游产业连成一体，采用新型煤化工技术对传统的煤化工产业进行改造，以获取利润更高的清洁油品、天然气、甲醇等新产品。目前，公司承揽的工程项目均在实施阶段，一旦高营利性获得验证，市场需求有望出现爆发式增长。

公司具有先发优势。由于三聚环保（300072）的客户体量较小、订单金额不大，一些工程设计公司不愿意做此类业务。因此，三聚环保（300072）抓住这个机会，不断提升自己的品牌和市场占有率，一旦引起更大的客户如中国、华润集团等公司的兴趣，三聚环保（300072）的成长空间就有望进一步打开。

8. 天壕节能（现已改名为天壕环境，代码 300332）

公司是一家从事高效余热发电项目的大型专业公司，致力于发展我国节能减排事业，将企业发展成为国内最大的余热电站连锁运营商。

2014 年，公司收购北京力拓，成功跨入天然气输气管道的余热利用和石油钻机网电改造领域，再一次实现了跨行业突破和发展。北京力拓丰富的项目储备及在该领域的先发优势，将为公司今后的长远发展奠定良好的基础。

2015 年，公司收购北京华盛，战略布局清洁能源迈出第一步。

公司以合同能源管理余热利用为基础业务，进行横向及纵向延伸，在保证充足现金流的前提下，不断扩张业务范围，每一步都彰显出公司扩张与转型的决心和管理层的积极进取。

投资需要远见，需要登高望远。早在 2006 年，我就高度关注环保产业，抓到菲达环保（600526）等大牛股，我认为在中国的发展中环境问题迟早会受到重视，如今环保产业仍然一片火热，在看好的同时仍需要谨慎。值得注意的是，环保板块不同于医药板块、消费板块，一旦环境得到有效治理，产能过剩问题又会冒出来，股价大幅回落也将是情理中的事，因此，投资者在投资环保股的同时要密切注意退出时点。

第16章　军工板块

中国作为一个崛起中的大国，周边局势复杂多变，大力发展军事实力是自然的事，国家也会不断加大对军事工业的扶持，军工产业有望迎来良好的发展机遇。

1. 中航动力（600893）

公司是中国航空发动机的主要研制和生产商。

中国航空发动机需求空间可观。航空发动机是飞机的四大组成系统之一，一般占到飞机总价值的20%~25%。据中国航空工业集团规划，至2020年其将实现1万亿元的销售收入规模，以此推算集团航空发动机板块的收入规模将达到1500~2000亿元。目前，中国航空发动机的研制和生产技术与西方领先水平相比仍有差距，但这一差距正在缩小，尤其是在发动机控制、材料技术等方面，已逐步接近世界先进水平。未来中国研制的航空发动机完全有可能满足新飞机型号的需求。

2013 年，公司进行资产重组，新注入资产质地优良。此次重组预案计划注入的资产中，沈阳黎明和贵州黎阳是我国重要的航空发动机生产基地，南方公司是我国主要的直升机发动机生产基地。资产注入完成后，将极大地完善公司的产品线，公司将基本实现国内航空发动机整机制造业务的全覆盖。但是，中航工业集团发动机板块内仍有科研院所、传动部件制造等优质非上市资产。长期来看，公司仍存在进一步资产注入的可能性。

2. 中航飞机（000768）

公司是我国飞机的主要生产商，擅长于军机和民机。飞机制造属于高端制造，“大飞机梦”是中国梦的重要组成部分。《高端装备制造业“十二五”发展规划》中提出到 2020 年国产干线飞机国内市场占有率将达到 5% 以上，支线飞机和通用飞机国内市场占有率大幅提高，民用飞机产业年营业收入将超过 1000 亿元。作为飞机制造的龙头企业，未来成长空间极其广阔。

目前，中航飞机（000768）民机产品有新舟、运 8 系列整机，另外承担商飞 C919 飞机机身、机翼等，ARJ21 飞机前机身、机翼、前起落架等生产任务，是商用飞机在国内最主要的供应商。同时，公司是国内军用战略大飞机的唯一生产基地，市场空间巨大。

公司大周期反转拐点已经确立，业绩有望实现持续高增长。据媒体报道，C919 将于 2015 年实现首飞，预计可完成国内、国际适航认证，2020 年将实现量产；ARJ21 已在 2014 年完成取证，2015 年将完成首架机交付；新舟 700 也于 2013 年立项，预计 2016 年可实现首飞。

3. 航空动力（现已改名为航天动力，代码 600343）

公司是我国大型航空发动机的研制生产基地，目前承担着我国第三代大推力航空发动机 40% 左右的制造份额，在发动机自身性能得到完善的前提下，未来将成为公司业务增长的新引擎。

公司作为军用飞机发动机生产商，将显著受益于需求驱动，并受益于国家政策支持。航空发动机属于国防军工领域技术最为复杂的高精尖产品，作为行业龙头，公司的成长性是显而易见的，并且还有军工国企改革预期。

4. 中航重机（600765）

中航重机（600765）是中航工业下属另一家重要的上市公司，已构建起“整机装备制造”和“与整机配套的核心基础件”两大产业平台。

作为中航工业板块重要成员，公司定位于全球高端基础装备顶级供应商，目前业务实际覆盖范围较小，未来可扩展空间非常广阔。中航工业下属 19 个直属板块，其中有 10 余个工业制造板块，公司是装备制造板块整体上市平台。公司装备制造业务依托航空工业，大力拓展非航空领域，目前主要覆盖以锻铸造为代表的装备制造基础业务。公司近年来陆续进入 3D 打印、战略金属再生、智能装备等高新技术领域，不断向高端领域拓展。无论从战略地位还是从研制生产实力上看，公司都有巨大的成长空间，看好公司长远发展前景和国企改革预期。

5. 四创电子（600990）

公司是集气象电子、通信导航、广播电视、公共安全等领域产品开发、生产和销售为一体的高科技上市公司。

公司目前主要生产雷达和公共安全产品，将受益于大股东的雷达资产整合举措，特别是航管雷达，面临着民航空管系统国产化的发展机遇。公司大股东中国电子科技集团第38研究所，是中国预警机雷达的绝对权威和龙头。2013年，38所扣除四创电子（600990）贡献的收入后实现收入近40亿元，是上市公司的4倍，未来资产注入空间巨大。

6. 四川九洲（000801）

公司是军民融合发展的大型高科技集团企业，是国家从事二次雷达系统及设备科研、生产的大型骨干企业。

公司依托九洲集团，于2014年完成定向增发，此次收购的九洲空管和九洲信息均为九洲集团公司盈利能力较突出的优质军工资产，在国内相应领域处于领先地位。九洲空管是通航放开受益最大的公司之一，是掌握通航监测技术的唯一上市公司，在国家低空空域对空监视和通信设施试点建设项目承担任务最多，市场份额也最高。同时，公司还承担了包括国内多种军用空管设备、大飞机等空管应答设备的研制和销售任务。九洲集团公司作为国内军工骨干企业之一，近年来发展进入了快速道，在短短的10余年间收入由1亿元爆发式增长到近200亿元。目前，集团主要有8大主营业务，分别是空管产业、卫星导航、三网融合产业、LED、光电线缆、物联网、通信产业、软件及电子商务。集团还有大量的优质资产，资产注入也为后续集团公司其他资产的进一步整合开启了大门。

7. 北方股份（600262）

公司是一家专业从事非公路矿用自卸车和相关工程机械研发和制造的

国家级高新技术企业，是国内矿用车研发和制造的龙头企业。

矿用自卸车尚未统一标准，近年来虽有三一重工（600031）、天业通联（002459）等加入竞争，但公司一直占据传统自卸车70%~80%的市场，技术、客户资源的沉淀保证了其竞争优势。同时，近年来兴起的宽体自卸车虽然价格只有传统矿用自卸车的1/5左右，但由于使用寿命短、受矿山环境条件的限制等缺点对公司产品冲击并不显著。

公司背靠兵器工业集团，资产结构优化空间较大 。公司的控股股东是中国兵器工业下属内蒙古北方重工，其2010年营业收入高达百亿元，其中军用产品（收入30亿元左右）盈利能力较强，资产注入预期较强。

8. 北方创业（600967）

公司是中国兵器工业内蒙古第一机械集团公司控股的上市公司，铁路货车整车及配件是北方创业（600967）的核心业务。20多年来，公司已累计研发和生产敞、罐车两大系列近30个品种4万余辆，并屡获“全国用户满意产品”和“内蒙古自治区名牌产品”等荣誉。近年来，经过大规模技术改造后，北方创业（600967）装备水平达到国内一流水平，具备年产各式铁路车辆6000辆的生产能力，并研发出了多种适应国内外用户需要的车型。

公司控股股东中国兵器工业内蒙古第一机械集团公司有许多优质的军品资产，资产注入预期强烈。

9. 海特高新（002023）

公司是我国现代机载飞机设备维修规模最大、维修设备最全、维修项目最多、客户覆盖面最广的航空维修企业，是我国至今唯一的航空维修上市公司。公司主要从事航空机载设备修理、航空动力设备修理、通用飞机修理，航空技术及软件开发，航空机载设备、测试设备研制和销售。

航空制造与研发业务将保持高速增长。未来几年中，航空制造业务仍将是驱动公司业绩持续增长的主要驱动因素，预计2014—2016年复合增速将超过50%。

航空维修业务积极布局，增长稳定。自成立以来，公司就一直以航空维修作为主营业务，覆盖飞机、直升机整机维修，发动机维修以及机载电子系统维修，并在航空机载设备维修、中小型航空发动机维修等两大领域处于国内领先地位。其子公司天津海特获得大飞机整机维修资质，未来有望在大飞机整修这一航空维修业难度最大的领域与国外企业形成竞争。2015年天津基地开始贡献业绩，2016年增速将明显提升。

航空培训业务未来空间广阔。公司目前已成为国内最大的一家飞行员第三方培训机构，随着公司新加坡航空培训基地的投入运营以及天津飞安航空训练有限公司的投入运营，公司在2016年将全年运营9台模拟器，未来可达到15~20台的规模，发展前景十分看好。

10. 天和防务（300397）

公司是一家以连续波雷达技术和光电探测技术为核心的，以侦察、指挥、控制系统的研发、生产、销售及技术贸易为主营业务的高科技企业。

公司作为民营企业，是末端防空指挥控制系统产品供应商，机制灵活为未来的成长奠定了基础。

目前，世界各国尤其是发展中国家对末端防空领域日益重视，这一领域的技术壁垒以及军方采购门槛都非常高，公司在领域内的优势非常明显，目前全部收入来自两大类军品，即便携式防空导弹指挥系统和区域防空指挥系统。同时，公司已经进军并积极扩展民用市场，包括通用航空、海洋探测等领域， 2014 年 7—8 月公司民用产品领域订单取得重大突破，签署订单 1.14 亿元。在行业持续向好的大背景下，公司的成长性是显而易见的。

以上仅仅是我对未来有可能产生牛股的行业进行的简单梳理，不构成任何投资建议，而且随着大量新股上市，社会经济形势的新陈代谢，会有更多优秀的公司浮出水面，当然也会有不少昔日辉煌的公司逐渐退出历史舞台，这就是投资的魅力。我们在选择基本面向好行业的同时，更应寻找有着伟大梦想和实际行动的公司，只有这样，投资才能事半功倍。

1

›

第四篇
投资感悟

投资者最重要的不是智商，而是性格。既不被大众极度乐观情绪所驱动，也不背道而驰；我是在别人贪婪时恐惧，在别人恐惧时贪婪。

——沃伦·巴菲特

中学时代，我打下了很好的数理基础，后来又学了 7 年历史，具有一定的人文修养，又在国家机关混迹多年，了解国情。正因如此，我想：我不做投资谁做投资，我不下地狱谁下地狱。

——本书作者

我从一不小心扎进股市，如今已有 10 余个年头，曾经辉煌过，在 2006 年至 2007 年真真切切地做了一回市场的“王者”，也痛苦过、彷徨过、悲观过、埋怨过。尤其是在 2011 年至 2012 年，社会转型，股市转型，我没有亲历过，原来的投资理念和操作技巧已不适应转型中的市场，我在市场里撞得鼻青脸肿。2012 年年底，我终于从投资迷路中重拾信心，真正明白了何为投资。2013 年至今由于树立了无比坚定的投资信念，战略正确，战术得当，再加上合理配置布局，取得了辉煌的战果，并且对未来做好投资树立了必胜的信心。一路走来，感慨良多，也积累了不少投资感悟。

第 17 章　投资战略

（一）投资的真谛之一是把脉周期

绝大部分事物都是有周期的，自然界是如此，社会发展也是这样，股票投资更是如此。这两年，周期这个概念深深地影响着我的投资实践。

在我看来，资本市场的大部分现象都可以用周期进行完美解释，宏观经济有发展周期，行业有发展周期，具体的上市公司也有发展周期。2011年至2014年上半年，上证指数在2000多点徘徊，从学界到投资者牢骚满腹，怨天尤人的不少。但在我看来，上证指数的长期低迷，最主要的是由经济周期决定的。2010年以来，我国经济进入了长期调整期和战略转型期，在这样的大环境下，以银行、地产等为代表的上证指数要想走牛确实是一件不容易的事。相反，创业板指数、中小板指数走得还可以，创业板在2013年还走出大牛行情，并且未来仍有可能继续走好，可以大胆预测一下，

3~5 年内，创业板指数超过上证指数也不是完全不可能。逻辑很简单，经济转型时期，政府一定会不遗余力鼓励发展以互联网、新技术为代表的新兴经济，相关行业和公司与宏观经济下行不同，将迎来难得的发展机遇和空间，是逆周期的。例如，京东短短 10 多年时间里市值就超过 300 亿美元，超过大部分央企的市值，便是明证。也就是说，即使在经济不太景气的时候，也有蓬勃发展的行业和公司。任何时点都应去寻找顺周期的行业，在景气度极高的行业里再去寻找优质公司，投资也就事半功倍了。这也就是我经常说的，不用太看指数做投资的内在逻辑。

宏观经济有周期，行业和公司等微观层面同样有发展周期，就是白酒这样的快速重复消费品也有发展周期。2012 年年底，中央加大反腐力度，禁止“三公”消费，更为严重的是白酒长时间的高景气度，各方投资不断扩大，造成了较为严重的产能过剩。2013 年，白酒股下跌极其惨重，普遍下跌 70%左右，就连极其稀缺的贵州茅台（600519）股价也遭到腰斩。消费行业大多是非周期行业，股价表现一般较为平稳，但 2013 年白酒股就如强周期行业的调整，这是我第一次亲历，也是始料未及的。这也从另一个侧面证明了任何行业都是有周期的，就连白酒这样的快速消费品行业都有很强的周期，现在欣欣向荣的互联网经济同样也不例外，2001 年的互联网泡沫破灭，多数公司股价跌去 80%，我也是亲历者。

行业有周期，上市公司本身也有周期，这也是 2010 年以来结构性分化越来越严重的主要原因之一。不仅行业开始分化，医药等高景气度行业远远好于景气度下行的房地产等行业，行业内部也开始分化，同一行业不同公司的股价表现差距越来越大。从这一点来说，我们现在的市场比以前一损俱损、一荣俱荣的时代更符合逻辑，也更合理，投资也进入了真正的专业化时代。个人投资者很难把握行业的细微变化，更难把握公司的发展脉络，去散户化时代早已悄悄来临。只可惜，2014 年 11 月股市大涨，老百姓又排队进入股市，看来几十年的市场教育效果甚微。这在我看来大概有以下几方面的原因：一是文化基因。国人有随大流、一哄而上的习惯，前几年很多行业出现严重的产能过剩也是进入的企业太多使然。二是制度因素。券商经纪人为了业绩大力鼓动也是外因之一。三是为人称道的公募、私募基金不多。经过几十年的发展，国内已涌现出数以千计的公募基金、私募基金。但私募基金普遍门槛太高，把很多老百姓拒之门外，公募基金长期业绩优秀的不多，优秀的公募基金基金经理纷纷投奔私募。

有大周期，还有小周期，再好的行业，再好的公司，股价也不可能一直上涨，在上升的大周期中股价也会惨烈调整，甚至腰斩。例如，2013 年贵州茅台（600519）因为行业小周期短期下行股价最大跌幅超过 50%，上海家化（600315）因管理层动荡股价也大幅下跌近 50%。

只要我们基本弄清宏观经济周期，相对精准地把脉行业、上市公司周期，顺周期而为，不断寻找景气度高的行业中的优秀公司，就能把十分复杂的投资相对简单化，并且还能轻轻松松赚到钱。

（二）投资的真谛之二是寻找成长

经常有人说，现在银行股、地产股很便宜，股价逼近甚至低于净资产，市盈率10倍以下，甚至更低，但股价就是不涨，甚至还在下跌，这是为什么？在我看来，最主要的原因是这些行业还处在下行过程中，行业最坏的时候还远远没有到来，预期还将进一步恶化。对于这一类上市公司，我们只能静待行业基本面开始向好，在基本面向好之前，股价无论多么便宜，我们都要谨慎。

相反，当前创业板、中小板中有不少公司股价很高，市盈率达 100 倍甚至更高，市净率也非常高，但股价不但不跌，反而屡创新高，背后逻辑其实也很简单，行业景气度高，更为重要的是这些公司被赋予高成长的光鲜外表，还有持续并购预期，故预计未来相当长的时间内业绩仍将持续提升。当然，一旦行业景气度下行，公司高成长不再，股价的下跌幅度便会超出一般人的想象，2015 年 6 月发生的股灾很好地佐证了这一点。

2013 年，创业板确实跑出了很多大牛股，涨幅高达 3 倍以上，有的股价最高的时候甚至超过 10 倍，如东方财富（300059）、乐视网（300104）、中青宝（300052）等等，很多投资者不理解的是有些公司业绩很差，甚至亏损，如东方财富（300059）。其实在我看来，这只是表面现象，东方财富（300059）近年来低调、务实、创新，它的天天基金网、股吧、东方财富通都已成为行业翘楚，互联网的巨大流量为日后的盈利提供了想象空间，更为重要的是，它很有望获得网络券商牌照，如此，股价的大涨便得到了合理的诠释，并且不排除未来股价继续出现大涨的可能。

市场无疑是对的，作为投资者，只能顺应市场大势，顺应历史潮流，始终去寻找高成长的企业。但今天的高成长并不意味着明天的高成长，因此要擦亮眼睛，细心关注身边的事物，辨明真伪，只有这样才能游刃于市场，才能真正战胜市场。

（三）投资要学会耐心和等待，更要知进退

《基督山伯爵》的作者大仲马说，人类的一切智慧是包含在这四个字里面的：等待、希望。其实，股票投资更是如此，一定要学会耐心和等待，更要洞察市场环境并知进退。

在我看来，做好股票投资无非是两个方面。一是要找到好的标的。真正好的公司其股价是不怕跌的，2015 年股灾期间指数跌幅巨大，但也有不少股票“拒绝”下跌，个别还创出新高。这也是可以理解的，市场如此之大，总有好的公司股票。二是要知进退，尤其是在中国市场，因为波动太大，个股如此，大盘也是如此，这种局面未来可能也很难改变，投资者要时时刻刻知晓市场的“体温”和“热度”，在群体性狂热时要学会保持冷静。2007 年是如此，2015 年也是如此，未来或许还将是如此。2011 年至 2012 年间的市场低迷让我学会了寻找未来，寻找有前景的标的，完成了投资中的一次蜕变；2015 年的股灾则真正让我明白了知进退在中国股市的生存的重要性，又完成了一次完美蜕变。

《大学》中这样写道："知止而后能定，定而后能静，静而后能安，安而后能虑，虑而后能得。物有本末，事有终始，知所先后，则近道矣。"某种意义上说，股票投资更近乎于悟道，10 多年的实践，加上多次被市场打得鼻青脸肿，才让我真正明白了耐心和等待的重要性。等待是为了更好地捕捉战机，只有这样，方能做到"动如脱兔，战则必胜"。

（四）投资要有大局观，传统和新兴都不要绝对化

2013 年至 2014 年 10 月前，基本上是创业板的天下，新兴产业股为代表的中小盘股持续上涨，以传统产业为代表的上证指数却不为所动，长期在2000多点徘徊，出现了历史上从来没有出现过的各大指数不联动的现象。但在 2014 年 10 月后市场风向突变，以券商、地产、基建为代表的传统产业板块持续大涨，一时大象起舞，上证指数、沪深 300 指数等逼空上涨，仿佛一夜之间回到了 2006 年、2007 年。相反，创业板、中小板出现滞涨，广大投资者出现满仓踏空、满仓套牢、赚指数不赚钱等现象。这又给我上了极为生动的一课，早在 2012 年年底我就在多种场合表示未来 10 年将是投资的黄金时代，2014 年上半年在众多著名券商机构纷纷看空时我则坚定看多，逻辑很简单，投资房产的时代已经过去，中国广大的三、四线城市房地产供应太多，投资价值将长期消失，社会上一度十分流行的民间高利贷已经难以为继，社会闲置资金一定要寻找出路，股市或是最好的去处。我不仅坚定看多，而且在行动上满仓做多，但这次传统产业来势之凶猛是

我始料未及的，更为遗憾的是我曾在券商机构工作过，并且现在还每天和券商打交道，对券商相当了解，但却与这次大行情的领头羊失之交臂，只持有1万多股的中信证券（600030）。这样的机会不常有，一旦失去又要等上若干年，我这个“老江湖”都这样，更何况一般的投资者，从这个方面讲，投资也是一种修炼，需要有胸怀天下的格局，先知先觉是投资的最高境界。

这次券商板块的持续上涨可以说是所有大盘股上涨中最具逻辑基础的，因为很早的时候券商已经可以做银行的部分业务了，再者成交量的持续放大，券商是最直接的受益者，这些我当然清楚。但更多的是我看到券商的问题，一是不稀缺，国内券商太多了，并且同质化现象极其严重；二是互联网时代众多营业网点如何消化？万幸的是，无心插柳柳成荫，我重仓东方财富（300059）得到了意外的惊喜。东方财富（300059）虽业绩不佳，但作为财经互联网的第一品牌，更为重要的是未来网络券商为投资者描绘了巨大的想象空间，随着股市的火爆，东方财富（300059）好像成了券商的影子股，成为这一年我赚钱最多的股票之一。

2014年11月，传统蓝筹行情让我清醒地意识到，传统和新兴不能绝对化，更应注意股市的整个生态。正如著名投资人士邱国鹭所说，投资是有内在规律的，你如果能够把内在的规律搞清楚了，当市场出现违反规律的事情，就像6个月以前，你发现这些东西（指券商、银行、地产等）都是很便宜的，但都是没人买的。电影行业，全中国一年200多亿元的票房，最大的电影公司市值是400亿元人民币。中国的地产销售一年是6万亿元，最大的地产公司 2014 年在 3 月份的时候 600 亿元的市值，你觉得合理吗？我知道 200 亿元的是朝阳产业，可以不断生长，就算让你翻 10 倍，也才 2000 亿元的市场。6 万亿元的地产就算是夕阳产业，哪怕以后剩 3 万亿元，依然是你市场容量的 15 倍，但二者的市值已经接近了，这合理吗？其实这个道理是很浅显的，只是没有人看懂。

（五）对周期股的认识

细心的投资者会发现，有些股票会不断地坐过山车，在区间内大幅振荡，最为典型的是汽车股；有的股票则不同，不管指数怎么走，股价长时间稳稳地振荡盘升，如云南白药（000538）、天士力（600535）、贵州茅台（600519）等。前者一般是周期股，后者一般是非周期股。

周期股是随着经济周期的盛衰而涨跌的股票。该类股票包括汽车、房地产、有色金属、建材、煤炭等，当整体经济上升时，这些股票的价格也迅速上升；当整体经济走下坡路时，这些股票的价格也下跌。与之对应的是非周期股，非周期股是那些生产必需品的公司的股票，不论经济走势如何，人们对这些产品的需求都不会有太大变动，如食品和药物等。

我国典型的周期性行业包括房地产、钢铁、有色金属、化工等基础大宗原材料行业、水泥等建筑材料行业、工程机械、重型卡车等资本集约型领域。当经济高速增长时，市场对这些行业的产品需求也将高涨，这些行业所在公司的业绩改善就会非常明显，股价上涨，其股票就会受到投资者的追捧；相反，当景气低迷时，固定资产投资下降，对相关产品的需求减弱，公司业绩和股价就会迅速回落。

此外，还有一些非必需的消费品行业也具有鲜明的周期性特征，如轿车、高档白酒、高档服装、奢侈品、航空服务、酒店等，这是因为，一旦人们收入增长放缓或预期收入的不确定性增加，就会直接减少对这类非必需品的消费需求。银行等金融服务业（保险除外）由于与工商业和居民消费密切相关，也有显著的周期性特征。简单来说，提供生活必需品的行业就是非周期性行业，提供生活非必需品的行业就是周期性行业。

正是因为上述这些周期性上市企业构成股票市场的主体，尤其是成为我国上证指数的主体，其业绩和股价因经济周期的变化而起落，所以就不难理解为何经济周期会成为主导牛市和熊市的根本原因了。正因如此，投资周期性股票的关键在于对时机的准确把握，也就是对周期的相对精准把脉。如果你能在周期触底反转前介入，就会获得最为丰厚的投资回报；但如果在错误的时点，如周期到达顶端时再买入，则会遭遇严重的损失，可能需要忍受 5~10 年，甚至更加漫长的等待，才能迎来下一轮周期的复苏和高涨。虽然预测经济周期什么时候达到顶峰和谷底，如同预测博彩的输赢一样困难，但在投资实践中还是可以总结出一些行之有效的方法和思路。

利率是把握周期股入市时机最核心的因素。当利率水平低位运行或持续下降时，周期性的股票会表现得越来越好，因为低利率导致资金成本较低，可以刺激经济增长，鼓励各行各业扩大生产和需求。相反，当利率水平逐渐抬高时，周期性行业因为资金成本上升而失去了扩张的意愿和能力，周期性的股票会表现得越来越差，当然这也不是绝对的。

投资者需要注意的是，当央行刚刚开始降息的时候，通常还不是介入周期股的最佳时机，此时是经济景气最低迷之际，仍有积重难返之势。开始的几次降息还见不到效果，周期股短暂反弹后还会维持一段时间跌势，只有在连续多次降息刺激后，周期性的股票才会重新焕发活力。2008 年上半年，央行开始降低准备金率，下半年又多次降低准备金率和利率。一开始，每次政策一出，市场稍有反弹后便会继续下跌，直到 2008 年 11 月市场跌至 1664 点，上证指数才反身向上。同理，当央行刚刚开始加息的时候，投资者也不必急于离场，周期性股票还会继续风光，只有在利率水平不断上升至接近前期高点时，周期性行业才会明显感到压力，这是投资者开始考虑转向的时候。2007 年央行多次提高准备金率，多次加息，也没有阻止股市高歌猛进，直到 9 月上证指数摸高 6124 点后，股市才停止上涨的步伐，开始掉头向下。

（六）对白酒股的认识

尽管我不喝酒，但对白酒股是由衷地喜爱，其中的逻辑主要是：中国是一个人情社会，酒文化源远流长，无酒不成席的习惯妇孺皆知。更为重要的是，汽车、化妆品、电子产品主流市场都被洋品牌霸占，但烈性酒的消费则白酒一统天下，且白酒在 2012 年以前持续涨价，是一个实实在在的暴利行业。正因如此，我一直十分关注白酒股，并且重仓，也曾给我带来了巨大的账面利润。但成也萧何，败也萧何，2013 年白酒上市公司由于基本面的变化股价惨烈下跌，差一点给我造成灭顶之灾。

幸好，2012 年年底国家加大了反腐力度，我已意识到基本面开始出现了恶化，除留下一点贵州茅台（600519）外，其余全部清仓。尽管损失不小，但与这之后更大的下跌相比，简直可以忽略不计，幸运之神再次让我躲过一劫。

尽管如此，我对白酒股仍有割舍不掉的情怀，不仅持续关注，而且跌得越多越加关注。我在密切关注着基本面改善所带来的再次介入的机会。白酒不同于其他周期性行业，它的调整周期是有限的，尤其是其中的优秀企业，重新走向繁荣是可以期待的。不过，过去整体的高速增长已成为历史，一去不复返，未来更多地将其视为价值股，而非成长股。

（七）对创业板的认识

创业板自设立以来，非议很多，一度被誉为“神创板”，至今仍有不同声音，但在 2013 年它一枝独秀走出大牛行情，指数涨幅超过 100%，跑出了乐视网（300104）、华谊兄弟（300027）、东方财富（300059）等超级大牛股，而同期上证指数则是下跌的，这是中国证券市场以前从未有过的，是结构性分化最为严重的一年。我认为这背后的逻辑是这样的：中国社会全面转型，传统产业开始持续调整，相反，国家大力扶持新兴产业，试图寻找突破口，寻找新的经济增长点。在宏观经济整体不太景气的前提下，确实出现了一些逆周期的行业，如医药、环保、传媒、互联网等。

展望未来，中国经济仍在艰难转型，房地产行业仍在下行，传统经济短期内要有大的起色不太现实，大力发展新兴产业仍是国家重中之重，因此创业板仍将继续跑赢大市，股灾过后继续走牛是大概率事件，未来三五年内甚至有可能超过上证指数。只有当经济转型成功，宏观经济基本好转，上证指数才能真正恢复活力。

（八）对价值投资、趋势投资的理解

很多人认为价值投资在中国根本不适用，包括不少专家、学者都认为，中国的土壤产生不了巴菲特式的人物，巴菲特自己也认为：不是我厉害，而是美国太厉害。在中国，更多的人追随趋势，我却认为，价值投资不仅在美国适用，在其他国家和地区也适用，中国当然也不例外。关键还是价值投资的定义，到底何谓价值投资，它和趋势投资并不矛盾，互为佐证，运用得当，将如鱼得水。

价值投资就是在一家公司的市场价格相对于其内在价值大打折扣时买入它的股份。价值投资是一种常见的投资方式，专门寻找价格被低估的证券。这种投资策略最早可以追溯到二十世纪三十年代，由格雷厄姆创立，经过巴菲特的使用和发扬光大，价值投资策略在二十世纪七八十年代的美国受到普遍推崇。股票价格围绕内在价值上下波动，而内在价值可以用一定方法测定；股票价格从长期来看有向内在价值回归的趋势；当股票价格

低于内在价值时，就出现了投资机会。形象一点说的话，这就好比拿五角钱购买一元钱人民币。格雷厄姆在其代表作《证券分析》中指出：“投资是基于详尽的分析，本金的安全和满意回报有保证的操作。不符合这一标准的操作就是投机。”他在这里所说的“投资”就是后来人们所称的“价值投资”。和价值投资法相对应的则是趋势投资法。

巴菲特是价值投资的集大成者，他把定量分析和定性分析有机结合起来，形成了价值潜力投资法，把价值投资带进了一个新阶段。巴菲特说:“我现在要比20年前更愿意为好的行业和好的管理多支付一些钱。不倾向于单独地看统计数据。而我越来越看重的，是那些无形的东西。”也就是说，价值投资不仅要看股票价格是否被低估，更为重要的是还要看行业、看公司。好行业、好公司可以以更高的价格买入，而非教条式地拘泥于股息率、市盈率、市净率等统计数据。

不妨比较一下2014年2月底的比亚迪（002594）和万科A（000002）：比亚迪当月收盘价格56.91元，总股本23.5亿，总市值1337亿元；万科A（000002）2月收盘价格6.72元，总股本110亿，总市值740亿元。比亚迪（002594）的市值几乎是万科A（000002）的两倍。两家公司2013年的盈利情况：比亚迪（002594）上一年只赚了5.5亿元，市盈率为243倍；万科A（000002）上一年大赚151亿元，市盈率不到5倍。万科A（000002）赚的钱几乎是比亚迪的30倍。

但奇怪的是，巴菲特持有的是贵的比亚迪（002594），而不是买入便宜的万科A（000002）。

再来看看贵州茅台（600519）吧。2007 年 1 月 8 日，贵州茅台（600519）收盘价格 84.86 元，上一年业绩 1.64 元，市盈率 52 倍，已经很高，但股价却在此基础上，当年最高时上涨到 230 元，涨幅接近 200%。

2013 年 1 月 8 日，贵州茅台（600519）收盘价格 210.84 元，上一年业绩 12.82 元，市盈率 16 倍，不算太高，但股价却在此基础上跌至 122 元，跌幅接近 50%。

这就奇怪了，同一只股票，市盈率 52 倍的时候，股价一年里还能上涨 200%；而 6 年之后，市盈率降低到 16 倍时，股价却在年内下跌接近 50%！

现在，我们来看看美国股市。特斯拉电动车 2012 年每股出现亏损，2013 年股价从 33.87 美元上涨到最高时的 265 美元，一年内的上涨幅度接近 7 倍。巴菲特持有的富国银行 2012 年每股业绩大约 3.89 美元，2012 年年末的收盘价格比特斯拉电动车还高，但 2013 年只从 34.18 美元上涨到 49.29 美元，在美股大牛市的背景下涨幅只有区区的 45%。与特斯拉电动车的 7 倍相比，情何以堪?

特斯拉电动车亏损，无法计算市盈率；富国银行盈利，市盈率只有 12 倍。这只股票的市场表现却相距甚远，可见在美国股市，完全依靠市盈率来投资肯定也是不行的。

著名投资大师欧奈尔说："1984 年，伊利诺伊大陆银行的股价从 25 美元跳水至 2 美元；2009 年年初，美国银行从 55 美元跌至 5 美元。"

他又说："如果不想以高于 25~50 倍的价格买入成长股，那么，你就自动剔除了大多数可供选择的最佳投资机会！（错过美股历史上绝大多数的大牛股，如微软、思科、苹果、脸谱、亚马逊、谷歌等）。”

在我看来，价值投资的精髓在于以踏踏实实办事业的心态投资。买股票就是买企业，就是开专卖店，正如巴菲特所说：如果不想持有3年以上，最好一股也不要买。对于一个真正的价值投资者来说，买入股票就成了公司的股东，和高管、基层员工一起扎扎实实办公司、创造财富、造福社会。随着公司愈加健康，盈利能力愈强，股东自然能够获得丰厚回报。

在这个过程中需要使用一些分析手段，如安全边际、公司调研，等等，正所谓“具体招法”随机而变、千变万化，而“心法”不变。价值投资就是踏踏实实地把脉周期，寻找未来。

绝大部分投资者把价值投资教条化理解，以为价值投资都是要求投资低市盈率、低市净率的股票，如银行、地产，5倍左右的市盈率，有些甚至跌破净值，不可谓不便宜，但是股价在大部分时间的表现却不尽如人意。我认为，这里的主要原因是银行、地产等低市盈率的行业还在下行周期，拐点还没有到来 。2014年7月底，银行、地产、有色、煤炭等传统的大蓝筹在沉寂很长时间后异军突起，但我认为行业拐点远未到来，从相对长的时间而言仍不看好它们。相反，白酒股也大幅反弹，我却另眼相看，因为白酒行业最坏的时间正在悄悄过去，基本面开始大幅改善，从相对长的周期而言，正是介入良机。因此，我们在选股时，需要看技术图形、技术指标，更应关注行业、公司的基本面，基本面和技术指标在绝大部分时间都是吻合的。如果公司的基本面不佳，技术图形越漂亮越要小心，因为在不经意间就可能掉头向下；相反，公司基本面不错，可能未来发展持续向好，或者经营出现拐点，再加上技术指标开始走好，如此投资就能提高成功概率，做到事半功倍。

在我看来，价值投资与趋势投资并不矛盾。价值投资并不意味着去买低市盈率、看似便宜的股票，更不意味着盲目投资地产、银行等大盘股，而应关注公司所在行业及公司品牌的影响力。不同的行业、不同发展阶段的公司对市盈率的要求大相径庭，已经历高速发展阶段的传统行业如地产、钢铁的市盈率就很低，一般就是 10 倍左右，有时甚至更低；相反，处于快速成长期的生物医药等代表未来的新兴产业可以是 50 倍的市盈率，甚至可以更高。因此，把握公司的发展阶段和公司的行业地位比单纯看市盈率、市净率重要得多。真正的价值投资者应该高屋建瓴，不仅要看财务数据，而且要从历史的发展角度，把脉行业、公司的运行周期，尽量回避下行周期的公司，还要结合市场趋势，耐心等待，捕捉最佳投资时机。

第18章　投资战术

（一）投资不能孤注一掷，需要组合投资来规避风险

性格决定命运，投资也是如此。不少投资者喜欢豪赌，反映在股票投资上就是集中出击，重仓一两只股，这种方法不是不可以，但前提是建立在对上市公司极其了解的基础上。当年刘元生持有万科A（000002），区区几百万元入股，如今已位列第二大股东，早已成就亿万身家。但对绝大部分投资者来说，这种方式并不合适，适当分散投资是十分必要的，其背后的逻辑如下：其一，我们的认知是有限的，即使行业把握正确，在微观上对上市公司的把握也难免会有偏颇，投资者的损失往往是源于重仓股表现不好。从长远来看，化妆品行业是一个绝对看好的行业，上海家化（600315）作为国内龙头企业，从上市起到2012年，成为少有的大牛股，可“天有不测风云”，因管理层的动荡，2013年在创业板走出大牛市的背

景下，股价几近腰斩，从最高时的 57 元跌至 30 元附近，这既是公司基本面的反映（核心人物葛文耀的离去），也是多年大幅上涨在技术上的修正。尽管长期仍可以看好，但高位买进的投资者仍需承受账面资产的巨额亏损，如果是重仓，其内心的煎熬可想而见。

同样地，在股权激励、成立并购基金等诸多确定性的环境下，健民集团（600976）在 2014 年上半年股价不但不涨，反而从 28 元跌到 19 元，跌幅不可谓不大。

其二，社会的进步是方方面面的，牛股不可能局限于一两个行业，更不可能只有一两家公司，只要我们稍微关注一下股市和整个社会，尽管各种问题很多，但优秀的公司还是不少的。投资大师彼得·林奇当年因为掌管着庞大的资金同时要做 1300 多只股票，很多人不理解，认为不如买一只指数基金，其实不然，因为他的前 10 大重仓股所占资产超过 40%。林奇的这一风格，可以源源不断地吸收资金，成就了他的事业，使他成为基金业的巨无霸。当然，我并不是要大家都去学林奇，举他的例子只是想说明适当分散投资的重要性，只有这样，基业长青才不会是梦想，才能把投资事业做得更好，走得更远。

其三，适当分散投资有利于调节好投资者的心态。在我看来，心态是投资成败的重要因素之一，这不是一句空话，良好的心态必须建立在切实的行动之上。适当分散投资能让投资者有足够的时间去从容审视公司的基本面，发现基本面不好，坚定出局为时也不晚，但重仓一两只股就不一样，灭顶之灾的危险常伴左右，何来淡定。2013 年，一直是股市一朵奇葩的白酒股也终于低下高昂的头颅，股价出现罕见暴跌，高位介入的重仓投资者损失之惨重，内心之痛苦，恐怕非亲历者难以体会。

（二）不要追涨杀跌，要避开热门行业的热门股

所谓买涨不买跌，大多投资者喜欢追涨，甚至喜欢买入股价持续飙升的股票，结果可以想象，一旦被套，不仅短时间内很难解套，而且要承受股价大幅缩水的煎熬。2013 年游戏概念股持续上涨，是市场中最大的热门股票，有的股票甚至最高涨幅超 10 倍，后来股价下跌，跌幅惨重，如热门股票中青宝（300052），如果高位买入，要么斩仓出局，否则只有被深套的命。

如果说有一种股票我避而不买的话，它一定是最热门行业中最热门的股票。这种股票得到大家最广泛的关注，每个投资者在朋友聚会、在公共场合都会听到人们兴致勃勃地谈论这种股票，绝大多数人往往禁不住这种强大的诱惑而买入这种热门股。

热门股上涨得极快，并且涨幅惊人，总是会上涨到远远超过任何估值方法能够估计出来的价值，但由于支撑股价快速上涨的只有投资者一厢情愿的期望，而公司基本面的实质性转变却微乎其微，因此，绝大部分热门股跌下去的速度和涨上来一样快。如果投资者没能聪明地及时卖出的话，很快就会发现自己的账面盈利变成了亏损。此时，如果舍不得割肉出局，极有可能产生巨额亏损。事实上一旦投资者已经买入这种股票，就已经表

明想聪明地及时脱手卖出的可能性不大了。

我们只需看一下2007年的热门股、大牛股中国远洋（601919），就知道追涨热门股的风险了。

彼得·林奇曾说：如果你要依靠投资一个接一个出现的热门行业中最热门的股票所赚的钱来维持生计的话，那么很快你就得接受福利救济才能生存了。

（三）尽量克服恐惧和贪婪

巴菲特说：在别人恐惧时，我们要贪婪一些；在别人贪婪时，我们要恐惧一些。说说简单，真正要做好，比登天还难。因为人性中恐惧和贪婪是与生俱来的，要克服人性的弱点，就需要不断修炼。

投资的一些基本逻辑并不难，可以学习，唯独性格、人性，个体差异太大，无法模仿。投资对人各方面的要求太高了，不仅要求投资者了解宏观，更要洞察微观；不仅要求了解过去，更要关注现在，还要展望未来；不仅要关注过去和现在的行业龙头，更应持续学习，与时俱进，不断发现未来新兴行业的龙头；不仅要克服恐惧，还要克服贪婪。正是因为这样，在这个世界上真正做好投资的人并不多。

在我看来，克服恐惧相对容易一些，因为投资者大多生性乐观，买股票就是买预期，买未来，悲观者投资股票有点匪夷所思。做过股票的人都知道，股市的波动是比较大的，每当股市下跌，甚至大跌时，一个稍微理智一点的投资者都认为是机会，不会割肉离场，相反还会持续加仓，这也正是我以前总是基本上满仓操作的原因。因为市场是不可预测的，我们投资的是公司的未来，既然看好公司的未来发展，何必在乎短期波动呢？即使市场暴跌，都坚信社会不会崩溃，而且会越来越好。彼得·林奇也是这样操作的，重仓、满仓是常态。

正如彼得·林奇所说：股市下跌没什么好惊讶的，这种事情总是一次又一次发生，就像明尼苏达州的寒冬一样，一次又一次地来临，不过是很平常的事情而已。如果你生活在气候寒冷的地带，你早就习以为常，早就预计到会有气温下降到能结冰的时候，那么当室外温度降到低于零度时，你肯定不会恐慌地认为下一个冰河时代就要来了。而你会穿上皮大衣，在人行道上撒些盐，防止结冰，就一切搞定了，你会这样安慰自己——冬天来了，春天还会远吗？到那时天气又会暖和起来的。成功的选股者和股市下跌的关系，就像明尼苏达州的居民和寒冷天气的关系一样。你知道股市大跌总会发生，也为安然度过股市大跌做好了准备。如果你看好的股票随其他股票一起大跌了，你就会迅速抓住机会趁低更多地买入。

如果说克服恐惧还容易一些，要克服贪婪就更不容易了。面对任何暴跌我都没有恐惧过，在任何情况下，我要做的就是调仓换股，买进未来更好的公司的股票，抛弃基本面开始恶化的公司。正是天生的乐观，也导致别人贪婪时我还是贪婪，2007 年 11 月上证指数摸高到 6124 点时，有很多迹象表明市场已经太热了，但我还是贪婪，重仓持有股票，结果可想而知。经历了多年的市场历练后，我现在对克服贪婪也有了一些对策：一是适当控制仓位，尽管短期市场很难预测，但留有一定的现金会更掌握主动，对看好的但下跌的股票可以加仓，也可以买进新发现的好股票。巴菲特说，资金是氧气，一语道破天机。二是对市场整体泡沫有一个把握，整体泡沫越大，持有现金越多。三是对行业周期有一个精准把脉。在行业基本面改善向好时，积极重仓介入，如现在的医药、互联网等新兴产业；在行业基本面开始恶化前，及时撤退，如现在的房地产等相关传统产业，2012 年的白酒，等等。

（四）不要预测短期市场，不要看指数做股票

根据宏观经济形势、行业发展周期，对中长期市场进行预测一定程度上是可以做到的。2014 年，中国宏观经济缓慢下行，尤其是以房地产为代表的传统行业进入了漫长的调整周期。为了对冲经济下行，国家提倡发展“一带一路”，增加基建投入，医药、互联网、军工、环保等新兴产业方兴未艾，蓬勃发展，正是投资的好机会，传统产业也面临着绝佳的转型机会。尽管 2015 年 6 月史上罕见的股灾暴发，但在我看来，中国股市的一轮超级牛市已向我们走来，时间或将超出大部分人的预期。这背后还有一个极其重要的逻辑，就是社会闲置资金将持续流向股市，因为中国大量的三、四线城市的房地产长期投资价值将不再明显，过去十分流行的高利贷将会逐渐退出历史舞台。

如果说中长期市场还可以预测的话，那么短期市场就如 6 月的天气，

阴晴不定，基本上很难预测，就是偶尔判断准确，也不能保证下次判断没有失误。许多成功的投资者在市场大跌时，市值同样严重缩水，彼得·林奇也是，每次市场大跌，他的基金净值下跌得比指数还快，只是市场反弹时，净值大幅跑赢指数。这从另外一个侧面反映了预测市场尤其是短期市场是不太可能的。2015 年 3 月，市场连续逼空，不少投资者因过早离场等待市场下跌调整而后悔不已，相反，像我这样视指数如形同虚设的职业投资者，踏踏实实寻找未来，寻找货真价实的优秀公司，却大有斩获，满载而归。

经常有投资者问我，现在市场怎么样，将来会涨还是会跌，我不知如何回答，因为现在的市场跟以前齐涨共跌的时代已有天壤之别，2012 年至 2014 年上半年，上证指数尽管起伏不大，但牛股却层出不穷。我认为未来还是这样，因为社会在转型，传统产业要走出低谷还需时日，以传统产业为代表的上证指数尽管从 2014 年下半年开始也持续走牛，但与以新兴产业为代表的创业板相比，则不可同日而语，创业板将持续创下新高，甚至在未来 3~5 年内有望超过上证指数。更为重要的是，即使整体经济很差时，在我看来，总有景气向上的行业，总有成长的企业。作为投资者，不要太在乎指数的波动，应把大部分精力放在研究上市公司的基本面上，放在寻找牛股上。

（五）基本面要和技术面相结合

绝大多数投资者非常注重技术面的研究和分析，非常注重大资金的进出，还有人专门打听“庄家”的实力和风格，为此不惜重金购买所谓的“炒股软件”，甚至中央电视台经济频道都有推销“炒股软件”的广告，可见市场需求之大。单纯利用这种方法的结果可想而知，亏钱仍是大概率事件，道理很简单，如果依靠纯粹的技术方法都能赚钱，那么开发“炒股软件”的工程师都将成为投资大师，但事实上，至今为止我还没听说哪个软件开发工程师成为投资家的。因此，完全根据技术分析做股票并不靠谱。

我们在研究技术面的同时，更应探究背后的逻辑，花大力气观察和深入研究宏观经济的基本面、行业的基本面、公司的基本面。没有无缘无故的上涨，也没有无缘无故的下跌，技术面和基本面是相互印证的，两者并不矛盾。美国投机大师里费默曾说：“只要条件具备，股市该是牛市就是牛市，该是熊市就是熊市，谁也无法阻挡，因此，每个赚钱的人必须估量条件是否具备。”“无论大幅波动的首次冲击会带来什么，它的持续性都不是资本家投资或诡计操纵的结果，而是依靠于基本条件，而且不管谁想抗衡，只要推动力允许，它都会不可避免地产生广泛、快速、持续的影响。”有些股票的技术图形尽管在某一阶段走得十分漂亮，甚至堪称完美，但要是基本面不配合，我是不会心动的，甚至看都懒得看。

在我看来，不管是指数，还是个股的运行，背后都以强大的基本面为支撑。2012 年至 2013 年上证指数的低迷一点都不影响大量牛股的产生，这背后的逻辑其实很简单，在不考虑经济走势的情况，一个正常运行的社会终究会不断涌现出许多新兴的巨型企业。这几年，腾讯、阿里巴巴、京东商城等一批巨型互联网企业横空出世，迅速崛起，从一个侧面反映了在任何阶段中国从来不缺优秀企业。而对投资者来说，这就够了，我们用不着太在乎指数的波动，而更应关注未来社会、经济的发展脉络，关注我们身边点点滴滴的变化，关注上市公司未来基本面的演绎。2012 年以来，我一直是重仓甚至满仓操作，这背后的逻辑正在于此，当然在未来特定时点我也会进行战略大撤退。

技术面和基本面互为印证，无论是指数还是个股，任何一次凌厉的上涨还是快速的下跌，前后都有强大的基本面为支持。正如里费默所说：以整体股票市场走势来说，不可能被操纵，所有熊市中的牛操纵都注定是要失败的，任何操纵手段都不能把股价一直压低并始终使之保持低价。

（六）投资不要短线思维，而应立足中长线

投资房地产的人大多能够赚钱，倒不是说房地产没有波动，而是投资房地产的人很少短期频繁买卖，他们在买了房子之后，一般都会长期持有，几年甚至十几年之后，房产价格上涨甚至大涨是大概率事件，要是一线城市核心地段，则确定性会更高。

其实，做股票、做期货也一样，我们要有中长线思维，摒弃短线思维。仔细想一想，任何一个行业、一个公司的发展都是有周期的，而周期一旦确立，就会延续较长的时间，即使是最值得投资的成长期，也不可能昙花一现，长则三五年，短则一两年，这足以让我们从容地投资，从容地长期持股。巴菲特以 1 元多港币的价格大举买入中石油，直到 10 多元才开始卖，

长期持有，赚得盆满钵满，这对我们做好投资有重大的指导意义，是我们学习的榜样。事实上，绝大多数投资者目光短浅，控制不住情绪和自己的手，频繁交易，短线思维极其严重，总想赚快钱，总想赚大钱，眼高手低。结局可想而知，赚的时候赚了点蝇头小利，亏的时候就亏大钱，主升浪、赚大钱往往与自己擦肩而过，事后回过头来看，只有悔恨和沮丧。

（七）投资要敢于下重注

巴菲特的好友查理·芒格说：你必须学会在形势不利的情况下及早认输，而如果有大牌在手，就要敢于下重注，因为你不会经常拿到大牌。机会出现不是常有的事，一旦它降临就要紧紧抓住。

敢于下重注与组合投资、适当分散投资并不矛盾。敢于下重注并不意味着要孤注一掷，重仓一两只股，而是相对集中资金，持续吸纳。在我看来，单只股票的投入最好不要超过总资产的20%，这样，一旦判断失误也还有回旋的余地。在机会悄然降临时，敢于下重注重仓持有，是提高收益率的有效方法，组合投资是有效规避系统性风险的方法之一，两者加以合理科学地运用，在稳健中追求高收益。2014年上半年，博腾股份（300363）上市，其主营业务是为国际医药巨头做创新药的中间体，市场空间巨大，并且十分稀缺。我通过电话了解到，国内具有相当规模的只有两家，所以一上市我就高度关注，开始买得不多，后来股价出现调整，从60多元跌到40多元。因为我对它了解得比较具体，所以就越跌越买，直到持股超过总资产的 10%才罢手。后来股价触底后一骑绝尘，成为当时少有的大牛股之一，给我带来了巨大的收益。

（八）要定期审视公司的基本面

不少投资者买了股票被套后，就不理不睬，不闻不问，看似淡定，实则麻木，几年下来，有的亏损高达 80% 以上。究其原因，还是对所买股票的公司了解不够，有的明知基本面开始恶化，也不愿割肉出局。2012 年下半年，白酒股开始调整，开始我并未在意，觉得基本面没有太大的变化，直到中央开始加大反腐力度，我确定白酒股的基本面已经恶化，进入了长期调整，便毫不犹豫地挥刀把重仓股五粮液（000858）、水井坊（现为 *ST 水井，代码 600779）等基本上全部出局，亏损 10% 左右。不曾想到的是，短短一年多后，五粮液从 40 元下跌到 13 元，水井坊从 30 元跌到 7 元，除贵州茅台（600519）跌幅稍小外，其他白酒股的下跌幅度差不多。其调整之惨烈，比周期股有过之而无不及，要是一味坚守，账面亏损将十分巨大，后果不堪设想。如今，白酒股最坏的时期已经悄悄过去，现在再买回来，价格比我当初卖出时还便宜 20% 以上，岂不美矣。

也有投资者不太重视公司的基本面，盲目信奉技术趋势，技术图形一旦破位，不顾公司基本面，出局观望，在我看来，这也是投资的大忌。我们在关注日 K 线时，更应关注周 K 线、月 K 线，关注股票的中长期趋势，并且要弄清楚 K 线图背后的逻辑。2014 年 7 月，山大华特（000915）

公布中报，因中报不达预期，股价破位大幅下跌，此时，我不但不出局，反而加仓布局，道理很简单，看似股价大跌，其实是对以前大涨的修正，公司持续向好的基本面并没有改变，尤其是在儿童医药领域，其龙头地位难以动摇，随着二孩政策的全面放开，婴儿潮的来临，公司的成长空间仍有望进一步打开。类似的操作例子还有洽洽食品（002557）、登海种业（002041）等。

（九）不要拔掉鲜花，浇灌野草

很多投资者会习惯性地卖出赚钱的股票和股价上涨的股票，却死抱住亏损的股票和股价持续下跌的股票。例如，2013 年卖出新兴产业股，死守传统的银行、地产等大蓝筹，这种投资策略如同拔掉鲜花浇灌野草，非常不可取。另外一些投资者则正好相反，卖出股价下跌的股票，死抱住股价上涨的股票，这种投资策略跟第一种相比也高明不了多少。这两种投资策略都不是十分可取的原因是过于教条，在实践中，一只上涨的股票可能还会持续上涨，相反，下跌的股票仍有可能持续下跌，股市中下跌 90% 甚至最后退市的公司是不少的，未来或许将更多。

在我看来，一个较好的投资策略是，根据股票价格相对于公司基本面的变化情况来决定买入和卖出多少，以调整投资组合中不同股票的比例。我总是持续关注所持股票的表现情况，一般每天看两次（中午收盘和下午收盘），不断审视公司的基本面，根据情况的变化做出加仓、减仓的投资决策。例如，2014 年 8 月我的一只重仓股汉森制药（002412）大幅上涨，我在 20 元附近就减仓四分之一，减出来的钱用来增持山大华特（000915）。在股市中长期趋势确立的情况下，比如当下的市场，短期市场如何走我不清楚，也无法预测，但中长期市场向好我是坚信不疑的。我虽然主张长期持股，但每天仍会有交易。主要原因：一是社会变化日新月异，不断新陈代谢，我们的思想和认知也是发展变化的，几乎每天都有新的发现，这也是我们每天交易的基本逻辑。二是要用钱。在大环境不错的背景下，把资金留在股票市场里，根据基本面的变化将资金在不同股票之间进行转换。在我看来，将一定数量的资金一直留在股市之中进行投资，这样会避免许多时机选择失误的投资操作和减少由此产生的心理痛苦，从而使自己保持良好的投资心态。大家都说，心态在股市投资中极其重要，这绝对不是一句空话，只有符合市场的操作才会保持良好的心态。一个投资者在投资市场上经常犯常识性的错误，只会让心态越来越糟。此时最好的操作就是停止操作，放松心情，调整好心态。

一只好的股票，其价格下跌并不是一件坏事，相反，股价下跌正是追加买入质优价廉的好股票的大好时机。对于基本面持续向好，未来具有很大上涨潜力的股票，若目前股价相当低迷，你就应该毫不犹豫地追加买入。彼得·林奇曾说："如果你不能说服自己坚持当股票下跌 25% 时就追加买入的正确信念，永远戒除当股票下跌 25% 时就卖出的毁灭性错误信念，那么你永远不可能从股票投资上获得像样的回报。"

（十）及时止损和止盈在投资实践中并不十分管用

很多投资者把及时止损和止盈作为投资的铁律，其实，除了基本面发生重大变化外，如 2012 年年底的白酒股，近几年的煤炭、有色等板块，大部分的止损和止盈最终将以失败告终。

我一直十分厌恶止损指令，认为这太不靠谱。止损指令是指当股价达到某一事先确定的价位时自动卖出的交易指令，大部分事先确定的止损价位是股价低于买入价格的 10%。当然，如果设置了止损指令，就可以把最大的投资损失限制在 10% 以内，看似只损失了 10%，但周而复始，投资者很可能血本无归。这是因为，如今的股市波动性非常巨大，一只股票下跌超过 10% 是常有的事。由此看来，盲目运用止损指令根本无法使投资者避免发生亏损，相反亏损越来越大是大概率事件，投资者一卖就涨是常有的事，有的甚至成为上涨超过 10 倍的大牛股。因此，在我的投资实战中，很少运用止损指令，有些股票持有几年还没赚钱是很平常的事。如上海家化（600315），2013 年至 2014 年一年多时间股价一直在调整，但我认为，公司除了管理层变动外，基本面没有大的变化，故依然不离不弃，我相信股价上涨将是迟早的事。股票投资如同做其他事一样，一定要有耐心，要耐得住寂寞。

当股价下跌到止损价位，那些自称非常谨慎的投资者立马卖出全部股票，但是往往一卖出不久，股价就会强劲上涨。在股价下跌中投资者根本不可能设置一个止损指令来保护自己，同样，在股价上涨时也不可能依靠设置止盈指令来保证自己盈利最大化。2006年至2007年的大牛市，2013年以乐视网（300104）为代表的超级大牛股的诞生，中间任何卖出止盈都是得不偿失的。正如彼得·林奇所说，如果我相信股价翻一番就卖出的观点的话，我就不会从任何一只大牛股中获得好几倍的盈利。只要公司发展前景继续保持不变或者变得更好，就应坚决持有股票，过几年后你会获得连自己也感到吃惊的巨大投资回报。

（十一）机构不持股或持股很少反而要引起高度关注

机构同分析师一样都想规避低级错误，它们开始关注、买入的股票大多都有不俗表现，但要想有大幅上涨的空间往往不大可能。

如果你发现一只机构投资者持股很少甚至根本没有持股的股票，你可能就找到了能赚大钱的股票。如果你找到一家公司，并且还是一家质地相当不错的公司，既没有一个券商研究员或机构分析师拜访过，更没有一篇研究报告，你赚钱的机会又大了一倍。

我特别青睐于那些曾风光无限后因行业下行又被专业投资者打入冷宫的股票，如白酒股和农业养殖业板块。它们均在2014年前股价腰斩，2014年行业景气度开始缓慢回升，所以又重新回到我的投资视野。

（十二）关注增长不快行业的优秀企业

当下投资者对成长性企业十分热衷，尤其是对互联网、信息安全、云计算等新兴行业的成长股更为热捧。在我看来，在关注成长股的同时，更应关注零增长行业的优秀企业，如榨菜行业的涪陵榨菜（002507），扑克行业的姚记扑克（002605）。它们都处在增长不快的行业里，但竞争相对缓和，优秀企业凭着自身优势能不断扩大市场份额，持续提升业绩。与网宿科技（300017）、大富科技（300134）、乐视网（300104）这些科技新贵一样，涪陵榨菜、姚记扑克同样有望走出不俗的行情。

高增长行业的高成长背后意味着竞争相当激烈，一旦被市场新品取代，市场地位就会一落千丈。因为对热门行业中的每一种产品来说，都会有无数的科技精英在关注、研究，要时刻保持领先是件不容易的事，前几年诺基亚的衰落就是一个典型的例子。

（十三）投资如同买房，长线是金

鲜有投资者因买房而发生亏损的，原因是长期持有。股票、期货就不一样了，大部分投资者热衷于短线交易，中长线持有是凤毛麟角，频繁交易是投资者业绩不佳甚至亏损的主要原因之一。在长期的投资实践中，很多股票我是长期持有的，等到基本面发生变化才离场物色新的投资标的。如同仁堂（600085），2005 年我就关注并持有，成为核心重仓股，滚动操作，直到2011年才慢慢离场，获得了超过8倍以上的投资收益。之所以清仓同仁堂（600085），主要原因是经过长期成长后我发现其后劲不足，更重要的是我发现了更多、更好的医药类投资标的。我投资中践行的原则之一是，一旦发现投资目标，开始少量买入，然后通过电话、实地调研持续跟进研究，若发现公司质地确实不错，就加码买入，长线持有，至少3年以上，当然，在买入第一天起我就在设计退出逻辑和路径，这和巴菲特在中石油（601857）上的操作如出一辙。2000年前后，巴菲特持续大量买入中国石油（601857），到2007年分批卖出，投资收益高达10倍以上。其实，商品投资也是如此，黄金从2000年前后的200美元附近起步，直到2010年1900多美元才停止上涨的步伐，中间长期持有将获得可观的投资收益。

由此可见，任何东西都是有投资周期的，投资者要准确把脉拐点，长期持有。从这一点来讲，投资确实需要有决胜千里之外的勇气和大智慧，如同做学问，要耐得住寂寞，管得住手。

（十四）用股权投资的眼光、开专卖店的精神投资股票

大多数投资者把大部分时间花在技术分析、打听消息上，很少对公司的质地进行认真、周密、科学的研究，看行情、看指数做股票。不立足于公司基本面、经不起逻辑推敲的投资短时间能赚钱，只能说明运气好，要想持续赚钱，几乎是不可能的。

一个优秀的投资者，是不太在乎大势的，因为很多公司的成长与社会

并不同步，当下房地产投资的下行使经济增长放缓，但新媒体、互联网、医药、军工、环保等很多新兴行业的增速却明显加快。更不要听消息做股票，消息到你耳朵里已成为“老黄历”了，一买进就被牢牢套住是大概率事件。而应以严谨的态度、发展的眼光对目标公司的现状、未来做一个清晰的判断。如果你不想持有 3 年以上的时间，最好一股也别买，一旦买入，你就成为公司的股东，就等于开了公司的专卖店（买了贵州茅台（600519）的股票就好像是开了贵州茅台酒的专卖店），随着公司的成长而不断累积财富，直到公司成长空间慢慢消失为止。

投资者用股权投资的眼光、开专卖店的精神投资股票，才能事半功倍，如此一来，想不赚钱都难。

（十五）擒贼先擒王，买股就买龙头股

在资本市场，行业龙头往往因为稀缺而受到追捧，在同行业中它们往往享有更高的估值。在股市上涨时，行业龙头往往成为领涨先锋，下跌时则表现得相对抗跌。如白酒中的贵州茅台（600519），在白酒股上涨时，成为领头羊，在 2013 年下跌时，相对于别的白酒股大跌 70% 左右，贵州茅台（600519）股价只下跌 50% 多一点；再如宇通客车（600066），在 2010 年至 2012 年所有客车股都暴跌时，它却异常抗跌，逻辑很简单，作为行业龙头，它的市场份额不断扩大，业绩十分亮丽。农业股中的隆平高科（000998）也是如此。这样的例子很多，充分说明行业龙头在股市中的

地位和意义。

在投资实践中，投资者如果抓住了行业龙头，涨时超越指数，跌时抗跌，长此以往，“战胜市场”便是顺理成章的事。

第 19 章　投资智慧

（一）投资需要独立思考，需要去大众化思维，需要逆向思维

投资市场，独立思考是成功投资的主要因素之一，是一笔无法用金钱衡量的财富，是一个投资者最可贵的无形资产。人云亦云，让它随风而去，专家评论，更不能全部信以为真，要学会独立分析、去伪存真。

2014 年 6 月新股再次开闸，全民申购，发行十几个亿的新股，冻结 3800 个亿，一时间，6 月 18 日国债回购利率达 15%，最高甚至触及 30%，大多数机构投资者叫苦不迭，中签率实在太低了。我根据经验事先做了预判，很早就打消申购新股的念头，因为我觉得自己持有的股票的质地比新股还好，何必去趟这个浑水。

投资就是如此，需要去大众化思维，大家普遍认为、普遍在做的事情往往不一定对，真理往往掌握在少数人手里，这样的例子在股市中几乎每

天都在发生，俯拾皆是，这里随便举两个例子以作说明。

一是，创业板从上市以来，就受到社会各界的质疑，普遍认为股价太高，泡沫太大，没有什么投资价值。结果已摆在我们面前，2013 年创业板一枝独秀，走出大牛行情。现在，仍有不少声音认为中小市值的股票估值太高，大家要买蓝筹，抛中小盘成长股。我却坚定地认为，在未来相当长的时间里创业板、中小板仍会比主板活跃得多，比主板更值得投资。

二是，中国石油（601857）上市时，大家都认为它是亚洲最赚钱的公司，纷纷抢购，当天 48 元天价开盘，结果成为历史最高价，8 年过去了，2015 年 9 月股价只有 9 元左右，可见大众化思维对股票投资来说是十分致命的。

相反，2008 年“三聚氰胺事件”暴发后，伊利股份（600887）股价持续暴跌，投资者避之不及。其实，这时候却正是最好的买点，股价已是历史最低点，此后伊利股价一路上扬，最高涨幅达 10 倍以上。

由此可见，股票投资需要一点逆向思维的精神，要人弃我取。正如巴菲特所说：当别人恐惧的时候，我们要贪婪一些，当别人贪婪时，我们要恐惧一些。

（二）投资需要积极、乐观，需要坚定信念

投资需要积极、乐观，更需要坚定信念 。信念、信仰的力量是无穷的，中国共产党的历史无疑对信仰的力量做了最好的诠释。中国共产党从无到有，从弱到强，靠的就是信仰的力量。有一句话说得好，如果成功有什么

捷径的话，便是三个词：信念、简单、执着。投资也是如此，一个没有信念的人做投资漂若浮萍，短线搏杀，追涨杀跌，很少有自己的独到见解，独立判断，大都人云亦云，随波逐流，想长期“战胜市场”犹如天方夜谭。

投资者有了自己坚定的投资信念，情况就会大不相同。对于市场的起伏、股价的大跌大涨，就会坦然面对，沉着应对，真正做到不以涨喜，不以跌悲。股价大涨不会得意忘形， 草率获利了结，而会思考上涨的原因，部署退出的时机；股价大跌也不会落荒而逃，而是冷静分析下跌的逻辑，要是公司存在基本面等根本性的问题，再大的亏损也要果断斩仓。如 2012 年年底因为白酒行业的基本面出现重大问题，我在 30 元左右清仓五粮液（000858），两年多过去了，2015 年 3 月股价还只有 22 元左右。如果不是公司出现短期不可逆转的重大问题，并且导致股票下跌的原因很快消失，这时不仅要坚守，更要加仓以摊薄成本，2014 年 7 月，山大华特（000915）因短期业绩下滑股价大幅下跌，一度跌到 24 元，技术图形上破位下跌之势十分明显，此时果断大量加仓，在我看来是难得的赚钱机会，不到 3 个月，其股价大幅回升至 31 元左右。

从买入股票到在这只股票上大有斩获需依赖坚定的信念。有人找到了一只好股票，但一两天不涨就匆匆出局，更不要说一两个月、一两年了。只有信念坚定的人，才能拨开迷雾见青天，才能等到股价节节上升的时候。你也许是财务分析专家或股票估值专家，但要是没有坚定的信念，你就会经不起市场的大跌和股价的起伏，你就会相信新闻报道的悲观预测，在股市恐慌中吓得慌乱抛出。即使你可能把钱投到一只表现相当不错的证券基金，但要是你没有坚定的信念，你很可能也会在恐慌害怕时落荒而逃，而这时卖出的价格往往是最低和最不划算的。

所谓坚定的信念，在我看来，就是不管发生什么事，坚信天不会塌下来，明天太阳照样升起，人类有能力解决当前遇到的一切棘手问题；坚信中国会继续发展下去；坚信人们会继续正常地生活，优异的衣食住行产品和服务相关公司将继续为股东赚钱；坚信传统行业的优秀公司会在转型中重新焕发活力，如当下的房地产、钢铁等；坚信阿里巴巴、腾讯等新兴的充满活力的企业将会持续出现。

信念不是凭空的，而是建立在对整个行业相对正确的把脉和对所持公司的了解之上，只有这样，投资者才能坚守该坚守的，抛弃该抛弃的。如同我在2012年年底抛弃白酒股一样抛弃基本面将持续恶化的行业和公司；相反坚守该坚守的，如上海家化（600315），2012年的熊市中让我赚到不少钱，但2013年至2014年股价持续调整，我不仅没赚钱，还略有亏损，此时，我不仅坚守，而且在合适时机加仓。因为上海家化（600315）的六神、美加净、佰草集、高夫等产品一直销量很好，深受消费者喜爱，而且2013年新上市的婴童护肤品在天猫上的销量一直很好，股价的持续调整在我看来主要是由于前几年涨得太多了和这两年管理层出了一些问题，我坚信是金子一定会发光的，未来恢复上涨是值得期待的。2014年12月，我曾工作过的中国中铁（601390）股价大幅上升，从2元多起步一直上涨到10元，上涨超过4倍，某种程度上涨得比成长股还厉害，“横有多长、竖有多高”在这只股票上再一次得到了应验。2008年，中国中铁（601390）的高管大概以6元多的价格增持，之后股价持续下跌，跌幅高达60%以上，调整了6年终于枯木迎春。账面长期大幅亏损的投资者和中国中铁（601390）的高管们仍等到今天，这在我看来依靠的就是无比坚定的信念。有了这种不可动摇的信念，任凭风吹雨打，我仍然不动如初。如今的许多投资者满仓踏空，甚至满仓套牢，其实很正常，投资之路如做学问之路一样，都是孤独的，寂寞的，没有掌声的。关键是对持有的东西了解不了解，有没有信心，只要足够了解，就会有足够的信心持有，收获的季节迟早会到来。上海家化（600315）的调整与当年中国中铁（601390）相比，无论是调整幅度还是调整时间，都是不可同日而语的。

（三）投资是一项没有止境的修炼

经历了2011年和2012年，我自认为自己的投资理念和操作风格都更加完善，甚至与以前不可相提并论。但2014年11月以后的行情又给我上了极为生动的一课，对我投资理念的冲击和给我思想上造成的震撼一点不亚于2012年。2014年上半年，在国内众多实力派券商、机构纷纷看空的时候，我是大胆看多的，反映在投资实践上便是满仓做多。因为券商研究员只看到经济下行的一面，没有看到我国新的政治周期已经开启，改革力度空前，更没有看到房地产投资时代已经远去，社会闲置资金一定会寻找一个估值洼地。但我万万没有想到的是资金来得如此迅猛，更没有想到，大规模的增量资金会向基本面乏善可陈的金融、地产、基建、钢铁等传统行业涌去。

在我的脑海里，对日薄西山的传统行业一直兴趣不大，更为重要的是，这些大盘股基本上实现内地、香港两地上市，同股同权，但内地的股价和香港相比越来越高。我想不明白的是，在沪港通已开通的情况下，内地的投资者尤其是机构为什么不买十分便宜的港股，而要在内地市场横冲直撞。当然，错过了这次传统产业的大机会后，我是不可能在高位大量买入的，因为传统产业的基本面变化仍不大，并且股价比香港贵多了，况且我对自己持有的股票有足够的信心，就等着风吹来。既然大象都起舞了，那些行业周期长期向上、优秀公司的股价上涨是迟早的事，这我一点也不担心，只需一点点耐心。2015 年年初的市场行情完全证明我的判断是正确的。

2014 年 11 月我对行情的严重误判，原因有很多，最重要的是我自己的修炼还远远不够，还没能做到先知先觉。我在投资路上走得还不算太长，我相信这一天迟早会到来，不急。错过就错过了，我也没有多少遗憾，只需耐心等待下一次机会。

（四）投资是一项伟大的事业

同做实业不同，投资常常被国人误解，尤其是股票投资，一说是做股票的，大家纷纷敬而远之。因为这是一个高风险的职业，大家的普遍共识是除了一买一卖，没有什么商业价值，对社会的贡献不大。但在我看来，其实不然，股票投资如同做实业、做学问，除了通过智慧赚钱外，社会意义重大，并且同样可以缔造伟大的商业模式。

有人说“股票似鸦片，最好远离”，在我看来，它有两层意思：一是股票如同鸦片，容易上瘾；二是股票投资成功概率极低，不要说百分之一，甚至万分之一还不到。即便在美国，股票投资做得好的也就只有巴菲特、彼得·林奇、罗杰斯等几个，屈指可数，但一旦成功就非常厉害，与大部分实业不同，股票投资没有极限，这也是巴菲特成为世界上最有钱人之一的一个重要原因。

股票投资还可以创造伟大的商业模式。现在，社会上有闲钱，但苦于没有好的投资平台；社会上也有众多五花八门的基金，有公募、私募，貌似很专业，但鲜有长期的持续盈利能力，且手续费太高，业绩提成太多，至今还没有一只基金能让老百姓放心投资，怪不得余额宝一出，虽只有 5%~7% 的年化收益，人们却是趋之若鹜。假设市场上有一只基金，平均年化收益达到 10% 以上，它能做到多大规模，我都难以想象。这就是我的梦想，一切为客户着想，服务广大客户，帮助客户实现财富持续保值增值，打造能让老百姓放心投资的年化收益超过 10% 的互联网投资平台。经历过 2011 年至 2012 年的风雨和蜕变，又经过 2015 年股灾的洗礼，我越来越喜欢投资，投资不仅可以让我实现灵魂自由、时间自由和财务自由，而且可以服务大众。投资具有其他行业无法比拟的优势：一是绝对的轻资产，巴菲特只要 20 多人就能掌控如此大的公司，这比当下火热的互联网企业不知要“轻”多少倍；二是没有天花板、没有国界。同互联网一样，世界上几乎所有人都离不开投资，投资没有国界，可以到中国以外的国家和地区去投资；三是容易转型。与实业转型的艰难相比，投资转型相对容易，一买一卖就可以完成，并且永远与未来最有潜力、最有活力的企业为伴。

股票投资对人的要求极高，不仅需要悟性，性格匹配，更需要智慧和思想，真正的投资家大多都是思想家，还需要后天的长时间的磨炼，职业投资确实是一条人迹罕至之路。很多人认为中国出不了巴菲特，我却不这样认为，时势造英雄，以前中国没有出过巴菲特式的人物，只是时间未到，我相信不久的将来，不少巴菲特式的人物将出现在世界的东方，投资或将是中国未来继互联网后造就首富的风水宝地。

（五）投资是科学、艺术、调研的结合

投资既是一门科学，又是一门艺术，还需要跟调研相结合。在我看来，过于强调其中的任何一方面都是不对的，而且在实践中非常危险。

一个只把投资当作一门科学的人，往往会过于迷信数量分析，整天钻在一大堆上市公司的财务报表里出不来，以市盈率、市净率等指标来取舍股票，这样的投资要取得成功是不太可能的。彼得·林奇早就说过：如果仅仅依靠分析公司财务报表就能准确预测未来股价的话，那么数学家和会计师就应该是当今世界上最富有的人。

有人走向了另外一个极端，只把投资当作一门艺术，这样要想取得投资成功也是根本不可能的。有人用艺术家的观点，认为寻找赚钱的投资机会需要一种只可意会不可言传的灵感，而且要追随这种灵感行事。投资者有了这种灵感就能赚钱，相反，没有这种灵感就只能赔钱。在他们看来，

投资只是一门艺术，基本面研究根本无用。

迷信投资只是一门艺术的人完全忽视基本面研究，他们简直是在玩股票，其结果不难想象，只有一个：赔钱，并且越赔越多。更为致命的是，他们并不认为这是因为没有做基本面研究，反而认为是自己还没有找到那种艺术般的只能意会无法言传的投资诀窍。这些投资者最喜欢给自己投资赔钱找的借口之一是“股票如女人，永远猜不透”。

与上述投资者不同，我的投资方法则是艺术、科学加上调查研究。如果只看财务报表，只看市盈率、市净率就能赚钱，投资也太简单了，在我看来，这些财务数据并不太重要，因为大家都看到了，更重要的是未来市盈率、市净率有没有好转的预期，有好转的预期，则可以买入，没有好转的预期，再便宜也再等一等。判断上市公司未来预期的好坏就要花大力气进行调查研究，我们不可能对几千家上市公司都进行调查研究，更不可能进行实地考察，这样就像大海捞针，费时费力，效果甚微。要先寻找未来前景看好的相对确定的行业，再在这些行业寻找优秀公司，目标确定后，才可以有的放矢地开展调查研究，证明我们的预期判断是否正确。调查研究的主要方法有电话咨询和实地考察。投资者对某家上市公司还吃不准的时候，电话咨询是比较有效和简单的方法，拿事先精心设计的问题咨询上市公司，如果符合预期，就可以大胆买入，否则就果断放弃。2014 年 1 月新股发行重启，其中有一只股票叫博腾股份（300363），我很看好它的未来，但上市挂牌短期冲高后，持续下跌，不到两个月时间，股价从 67 元下跌到 42 元，跌幅不可谓不大。我对它的未来开始出现了怀疑，在我犹豫不决时，4月的某一天早上8：40我给上市公司打去电话，问了两个问题：一是“贵公司的毛利率与国内医药公司60%以上相比，只有30%多一点，为什么这么低”，得到的回答是“我们与仿制药不同，是为跨国公司做创新药的，利润能够得到保证”；二是“贵公司这样的公司，在国内多么”，回答说“不多，只有两家，还有一家在天津”。在与上市公司电话交流的过程中，对方的真诚和回答让我很满意。虽然只有5~10分钟的简单交流，但可以得出两点结论：一是公司反复说他们与仿制药不同，再加上管理到位，员工认真负责，足以证明这是一家质地优良的公司；二是公司目前相当稀缺，全国只有两家。电话一结束，当天我就加仓，在接下来的一段时间里持续加仓，成为我的重仓股之一。之后不到3个月时间，股价果然持续上涨。

（六）投资需要热爱生活

投资不仅需要想象力，更需要严谨的逻辑，需要关注社会、了解社会，探寻社会的未来发展方向，需要热爱生活，热爱旅行，在把握未来中寻找牛股，战胜市场。

大多数投资者喜欢听投资报告，看研究报告，注重技术分析，关注大资金进出。在我看来，这有点本末倒置，投资更为重要的是关注生活、热爱生活，需要接地气，从生活的细微变化中去发现大牛股。2011年至2014年上半年，上证指数一直在低位徘徊，传统行业确实跌幅惨重，没有及时止损的投资者损失之大可以想见，于是抱怨、牢骚不断，甚至不少专家、学者纷纷抨击股市，还有人大呼中国股市早已腐烂发臭，一时混淆大众视听。在我看来，中国投资者一直有未来，中国股市同欧美其他股市一样很正常，非常合乎逻辑，中国任何时候都不缺好公司，不缺牛股。关键是投资者要把脉周期，热爱生活，寻找牛股，不同时期投资不同的股票。投资需要智慧，更需要心平气和，脚踏实地。

与大多数投资者一样，我在 2012 年有一段时间也埋怨过，悲观过，甚至绝望过，结果可想而知，损失惨重，犯了不少常识性的错误，心中的痛至今仍难以抹去。投资者犯错是很正常的，巴菲特也会犯错，但经常犯常识性的错误对职业投资者来说却是不可饶恕的。经历 2012 年这场灾难后，从此我再也不会埋怨、抱怨股市，任何时候，埋怨、抱怨除了带给我们更加不幸外不会带来什么，对解决问题一点好处也没有。股票投资更需要正能量，更需要坚定的信念。

我本来就是彼得·林奇的信徒，自此之后，我在投资中遇到困难和挫折，就把林奇的《战胜华尔街》、《成功投资》拿出来反复阅读，与大师进行心灵对话。尽管国情不同，但每次阅读都有意外收获，都会使我更加热爱生活，一有时间就逛药店、逛超市，一有机会就旅行，很多牛股都是这样发现的。我相信，有朝一日，我们能做大，我会带领团队走遍全世界，从旅行中发现投资机会。最近，毕淑敏写的一篇文章的观念我高度认同，她说人生有三件事不能俭省：第一件事是学习；第二件事是旅行；第三件事是锻炼身体。第一件事和第三件事容易理解，至于旅行她是这么说的：

每个人出生的时候都是蝌蚪，长大后都变作了井底之蛙。这不是你的错，只是你的限制，但你要想办法弥补。要了解世界，必须到远方去。旅行是需要花钱的，谁都知道。旅行的好处却不是一眼就能看到的，常常需要日积月累。有人以为旅行只是照一些相片买一些小小的工艺品，其实不然。旅行让我们的身体感悟到不同的风和水，我们的头脑也在不同风情的滋养下变得机敏和多彩。目光因此老辣，谈吐因此谦逊。

在旅行中，在超市、药店中，我几乎每年都会发现牛股，从早年的同仁堂（600085）、云南白药（000538）、宇通客车（600066）到2013年的汉森制药（002412）、以岭药业（002603）、三诺生物（300298）、量子高科（300149）、姚记扑克（002605）。这里举个例子，2013年上半年，我在逛超市的过程中意外发现包装十分精美的龟苓膏，一看是生和堂的，拿起来仔细一看，控股股东是量子高科（300149），这让我想起了前不久量子高科（300149）向全体股东赠送龟苓膏的事。第二天，我就致电上市公司，回答令我十分满意，我得知生和堂龟苓膏的市场份额领先，还了解了公司的主营业务，当时量子高科（300149）的股价只有6元多，之后我就持续介入，两个月后，股价终于发力飞涨，上涨超过两倍。没有这次愉快的发现，这只大牛股将会与我无缘。

（七）投资要善于学习，与时俱进

不少投资者都有过成功的投资经历，但大多持续性差，墨守成规、不能与时俱进是导致这一结果的主要原因之一。由于习惯的惰性思维，对原来关注过的公司会持续跟踪，却很少关注社会的细微变化，很少关注新兴产业相关的优秀公司，结果很多牛股与自己无缘，投资结果可想而知。例如，贵州茅台（600519）是一家非常优秀的公司，股价也曾持续走牛，但如果一直只做贵州茅台（600519），收益并不一定十分理想，有时甚至会出现巨大的账面亏损。投资大师巴菲特的朋友芒格形容巴菲特的投资历程时说：巴菲特非常勤奋好学，业余时间不是学习，就是跟高水平的人一起交流。由此可见，持续学习、与时俱进对做好投资的意义十分重大。

李嘉诚年仅 14 岁就开始“行街仔”的推销生涯，在历尽艰苦卓绝的拼搏和奋斗后，最终获得了巨大的成功，连续多年蝉联华人首富榜。据说，他是这样工作的：不论几点睡觉，一定要在清晨 5 点 59 分闹铃响后起床。随后，他开始听新闻，打一个半小时的高尔夫。他认为重点是打每一球时都保持冷静，有规划。一定在每天 6 点下班，回家后，除了拨打越洋电话，还有两门必修课：跟着有字幕的英语节目大声朗读，以及夜晚的阅读。这意味着，就连绝顶聪明的李嘉诚，他最大的恐惧仍在于怕错过见证世界的变化。可见，与时俱进，不断发现世界的新变化，寻找未来，在洞察社会细微变化中寻找巨大商机，是一个成功的企业家、投资家必须具备的基本素质之一。

巴菲特的搭档芒格又说：“在这投资领域中，若没做过扎实的阅读工夫，我不认为你可以成为真正优秀的投资人，而我也不认为有哪一本书可以为你做到这些。”在阅读中，建立自己的“思维模式格栅”，这需要大量阅读数学、生物学、物理学、社会学、心理学、哲学和文学等各学科的重要著述，了解并熟悉书中介绍的核心概念，将不同学科的思考模式联系起来并融会贯通。同时，将这些理论应用到投资上，进行独立思考，聪明地投资，才能取得最佳的投资回报。

历史长河告诉我们，万事万物都是变化的，社会每天都在前进，都在变化，都在新陈代谢，过去辉煌的行业、企业，如今已沦为明日黄花，如钢铁、煤炭；现在如日中天的行业、公司，在不久的将来也会步履蹒跚，甚至走向没落；今天不起眼的行业，说不定未来会成为参天大树。反映在股市里，不管市场如何运行，总有牛股甚至大牛股涌现。这背后的逻辑是十分符合社会发展的实情的，不管社会如何转型，一定会有不少优秀的新兴企业持续涌现，这也就是我经常说的不要太在乎指数的起起落落，而更应关注微观变化，寻找代表未来社会前进方向的大牛股。正是因为这样，投资不能封闭自己，而是要走出去，甚至走出国门，要让旅行成为我们生活的常态，不断开阔我们的视野。

不仅行业有兴衰，曾经牛气冲天的房地产行业终于进入调整期，相反文化、游戏、互联网等新兴行业得到迅速发展，而且行业内部也开始出现严重分化，如长期看好的医药行业也不是铁板一块，每年都有新的企业在成长。投资者如果墨守成规，无疑等于坐以待毙。

（八）投资要做相对确定性的，在能力圈内混饭吃

股市最大的确定性就是不确定性，2013 年年底，健民集团（600976）推出高管股权激励方案，对未来三年的发展做了令人鼓舞的描述，并且在 2014 年 4 月成立并购基金。这样一个确定性极高的小盘医药股，还是百年老店，还有市场占有率极高的知名品牌，在成立并购基金后不久随着医药股的下跌展开一轮暴跌，股价从 28 元跌至 18 元，跌幅不可谓不大，要是高位重仓的话，需要极大的意志力才能坚守，可见股市充满不确定性。

在投资中做相对确定的事的好处并不意味着马上能赚钱，而是股价下跌甚至大跌时，有足够的耐心、坚定的信念去坚守。基本面持续向好，股价下跌，在我看来是千载难逢的机会，继续加仓是最正确的选择。绝大多数投资者赚不到钱的一个重要原因就是没有坚定的投资信仰，一看健民集团（600976）短期没有机会就马上出局换股，慢慢把它忘了，再来看时，它已离自己卖出的价格高出一大截，悔之晚矣。如此周而复始，岂能不赔钱。

一个人、一个机构的视线是有限的，所能了解和掌握上市公司的信息也是有限的，尽量规避不熟悉、不太了解的公司，在能力圈内确定自己非常了解的公司，在能力圈内确定投资标的。

（九）投资是一场没有终点的马拉松比赛

在我看来，一个成功的投资者，最重要的不是短时间的赚钱速度，而

是具有长期持续稳定的赢利水平。作为一个职业投资者，一两年在资本市场的呼风唤雨并不能代表什么，关键是能不能成为常青树。巴菲特、索罗斯之所以成就伟大的投资事业，一个十分重要的原因就是他们从年轻的时候开始，倾注一生的心血从事投资，如今虽都已八九十岁，但仍战斗在投资一线，在别人早已退出市场休息的时候他们仍在不懈地努力、奋斗，终于积累了富可敌国的巨额财富，更为重要的是，给后人留下了宝贵的精神财富。

对投资者，尤其是对职业投资者来说，投资是一场没有终点的马拉松比赛，过程比结果更为重要，谁笑到最后，只有等离开投资市场才能盖棺定论。我在不同场合经常说的一句话是：健康、生命比投资本身更为重要。如果我们的投资做得像天才一样，但却英年早逝，可能什么也不能给世人留下；相反，非常一般的投资，但却同巴菲特一样，让投资事业伴随生命始终，干到90多岁，不给后人留下什么东西都难。

（十）最好远离股票、期货

彼得·林奇说过：在我整个投资生涯中，我从未购买过一次期权，也没有购买过一次期货，我现在仍然不想购买期权和期货。要从一般的股票投资上赚钱本身就已经十分困难了，要在这些如同赌博一样的期货或期权交易上赚钱就难上加难了。据我所知，除非是一个专业的期权或期货交易者，否则想从中赚钱几乎是不可能的事。

对于某些人而言，股票就像鸦片，期货就像毒品，因此还是远离为好。逻辑很简单，如果大多数人能通过股票、期货赚钱的话，谁还会做具体的实业呢？因此，全世界都一样，真正能从股票、期货上赚钱的人凤毛麟角。最近媒体上有一种说法，说做股票和做实业都很难，成功的概率都只有 10%，还不如做股票。这一观点我是极不认同的，从长时间来看，如果做实业成功的概率只有 10% 的话，那么做股票成功的概率连 1% 都不到，股票尚且如此，期货就更难了。

我 2010 年在美国游学大半年，与国人大谈特谈股票相比，大部分美国人对股票并不关心，这让我很惊讶。其背后的原因是，他们认为术业有专攻，做好本职工作，自己多余的钱交给专业公司打理就行了。

（十一）股票投资不完全是赌博

很多人把股票投资与赌博画等号，这在我看来是不科学的。

如果不考虑公司的成长性，从博弈的角度出发，股票投资跟赌博有相似的地方。但股票投资的背后是一家家鲜活的上市公司， 在公司成长壮大时期，股价会大幅上涨，2013 年的华谊兄弟（300027）、乐视网（300104）就处于公司迅速成长期，股价最大涨幅超过 5 倍；相反，当行业、公司处于下行周期时，股价大跌则是顺理成章的事，2011 年至 2013 年，煤炭、有色的跌幅大都超过 60% 以上。

股票投资就是投资上市公司，就是“赌”上市公司的未来，上市公司的未来有很大的不确定性，因此投资股票也有相当大的不确定性，这就需要投资者的智慧和意志力。

（十二）投资的是公司，而不是股市

中国现代资本市场已有20多年的发展历史，在我看来，大致可以分为两个阶段。2009年7月以前的市场是一个齐涨共跌的市场，从实业的角度可以这么理解，2009年以前，中国基本上处于一个短缺经济状态，绝大部分行业、企业一荣俱荣、一损俱损；2009年以后，社会发生了巨大的变化，不少行业产能过剩问题突出，如钢铁、水泥，而新兴产业却蓬勃发展，10多年时间里诞生了阿里巴巴、腾讯等互联网巨头。如果说过去10年最有钱的人是搞房地产的，那么现在可以说最有钱的人是做互联网的，这就是时代的变迁。这是一个不断创造奇迹和神话的时代，社会变化在资本市场的反映更显得淋漓尽致。2009年后的市场，结构化特征越来越明显，一边是持续下跌的股票，一边则是持续上涨的股票，选对行业和股票从来没有像现在这样重要，就是较为残酷的2011年至2012年，也有大量上涨的股票，这在以前是不可想象的。

从这个角度来说，现在的市场更为合理、正常，因为不同的行业、企业有不同的生命周期。可以这样说，如今中国已经进入真正的投资年代，以前看指数做股票的时代已经一去不复返，已经不能适应现在的投资环境。

如今，即使正确预测了市场走势，选错股票仍会亏损，这已成为投资

者的共识，2015 年 3 月 *ST 博元（600656）退市，无疑是对投资者的当头棒喝。早在 20 世纪美国投资大师彼得 · 林奇就说过：如果你依赖整个大盘的上升来带动你选择的股票上涨，那么你最好还是坐上大巴去亚特兰大城赌博算了。如果你早晨醒来时暗自思忖的是：我打算买股票，因为我估计今年股市会涨。那么你应该拔掉电话线且离股票经纪人越远越好，你想依赖预测市场走势来投资赚钱，这是根本不可能的。

彼得 · 林奇又说：如果你真要担心什么事情的话，那么担心一下西点一佩珀瑞尔公司的床单生意如何，或者塔可钟（Taco bell）的新产品“超级墨西哥玉米煎饼”卖得如何吧。投资者需要做的是选择一只正确的股票，至于股市，自然会按照自身的逻辑运行。

附录：美国游学所见所闻

由于我爱人在2010年到美国西雅图华盛顿大学访学，已离开某央企的我也很想出去看看外面的精彩世界，就这样我来到美国，足迹遍及东西部很多地方。长达半年的近距离观察和思考，对我的灵魂触动很大，甚至影响到了我的世界观和价值观。

一是百年建筑随处可见。美国虽然没有悠久的建国历史，但百年建筑却不少，连我的孩子在西雅图上小学的建筑物都建于20世纪初。分析其原因，美国的建筑标准高，设计要求高，显然我们在这方面是做得远远不够的。作为有着五千年文明的大国，由于各方面的原因，保留下来的建筑越来越少，很多地方都找不到历史的痕迹。更遗憾的是，我们的现代建筑仍普遍存在使用年限不长的问题，媒体上经常可以看到大城市市中心高楼被爆破拆除，这不仅造成严重的环境污染，而且造成资源的巨大浪费。在当今中国，建筑水平已越来越高，确应适当提高一下设计标准。

二是教堂随处可见。美国让我感到最惊讶的是，这个科技最发达、市场经济最发达的资本主义国家，居然到处都是教会、教堂，不管是市中心，还是在大学周边，甚至在全球金融中心纽约曼哈顿，隔几个街区就有教堂。我在美国期间也经常去华人教会，它们给我留下了极为深刻的印象。

三是人民工作兢兢业业。美国劳动力比较紧俏，我孩子读书的学校老师就不是很多，她当时上小学三年级，基本上以一个老师为主，但老师工作非常兢兢业业，几乎每天都会发邮件，教室的四周墙上都亲自布置，一般很晚才离开学校，工作量很大。由于我英语不太好，跟华裔交流就多一些，在与他们的交流中，我发现他们很少关注资本市场，更不关心股票，原因是他们都有自己的职业，自己的钱交给专业机构打理，很少自己亲自打理。这与国内截然不同，如今市场好了，大有全民炒股之势，结果十有九亏，还严重影响了工作和生活，真是劳民伤财。个体的人们这样，企业其实也是如此，企业做大后多元化好像是必由之路，什么都想做，什么都想赚成为我们企业的共同特点；相反，欧美企业在专业化方面做得更好一些，我不知道波音、苹果、星巴克除了自己的主业外还做什么。正因为如此，我未来的使命和梦想之一是成立一家国内乃至全球最受人尊敬的财富管理公司，帮助大家理好财，也好让大家摆脱投资的困境。在我看来，绝大多数人都不太适合做投资。

四是态度友好，遵守秩序。美国人非常友善，陌生人之间笑脸相迎和主动打招呼是非常普遍的，而且汽车让行人已成习惯，很少能听到汽车的喇叭声。在高速公路上开车，秩序井然，很少看到超车，可以想见，如此遵守交通规则，加上路况很好，事故概率极低，这一点正好与我们相反，所谓欲速则不达。

五是生态极好，生活简单。我在西雅图生活的日子里，期间也游历了美国东西部大部分城市，所到之处，非常干净，蓝天白云自不必说，马路上甚至闹市区松鼠等小动物经常不期而遇，公园和海边野生动物随处可见，人和动物和谐相处。另外，我感觉美国人的生活也非常简单，跟国内大城市不同，歌舞厅、桑拿并不多见，下班后回家是必须的。

六是以人为本。也许由于人口密度不是很大的原因，美国的公共汽车是可以升降的，可以方便残疾人上车，我多次看到坐轮椅的残疾人不仅仅可以独立上街，还可以很轻松地在没有别人帮助下上公共汽车，而且自行车也可以上公共汽车，这让我非常震惊。

以上是美国对我触动比较大的地方，我并不想美化西方社会，只是想通过事实描述说明我们要改进的地方还太多。我改变不了社会，但可以改变自己，并且可以通过改变自己力所能及地影响身边的人，我坚信星星之火，可以燎原，我们的明天将会更加美好。

结语：投资人生无悔意

如同当年阴差阳错学历史一样，我一不小心走进股票市场，并且愿将投资作为终生职业，默默耕耘下去，这要感谢上苍的美妙安排。职业投资是条人迹罕至的路，要想在这条路上有所收获，我认为最重要的不是投资理念，也不是后天的努力，而是与生俱来的投资基因。投资大师巴菲特、彼得·林奇的投资理念不是不容易理解，而是很容易理解，但在实践中又有几个人能做到，从这一点来说，世界上看似简单的投资其实是最难学的东西之一，很难模仿。现实中，太多的人想成为巴菲特，太多的人想成为索罗斯，我想努力成为最好的自己。因为每个人的基因不同，每个人的性格、经历、生存环境千差万别，你只能以自己为中心，增加人生阅历，阅读书本，游历世界，独立思考，坚持理性，形成自己独特的知识结构和思维结构，并且不断完善，慢慢形成属于自己的独特的投资哲学。

投资之路跟其他创业一样，是孤独、寂寞的，是很少有鲜花和掌声的，有时还会有不理解的声音，因此内心的无比强大、信念的坚定不移是投资者能走下去不可或缺的素质。回顾我之前的投资生涯，走过的弯路和付出的辛劳是常人难以想象的，但由于天生意志顽强，不仅让我安然走过，而且越走越远，越做越好。展望未来，面对错综复杂、起伏不定的市场，定会遇到意想不到的艰难，但我信心满满。与以往最大的不同是，我现在已树立了无比坚定的投资信念，更为重要的是，还有高尚的出发点，我想帮助更多的人实现财富的增值，我坚信“人努力，天帮忙”，未来一定会是美好的。

后记/

大概在2011年的时候，我就有写一本投资方面的书的念头，因为在资本市场摸爬滚打这么多年，有太多属于自己的东西，这些东西既是对我以前投资之路的一个总结，也能帮助读者朋友更好地看清中国资本市场，让喜欢投资的读者少走很多弯路。经过几年的准备，尤其是2011年至2012年不平凡的经历，2015又遇股灾，可以说是经历了两次蜕变后，无论是投资理念还是操作风格，我都有了有脱胎换骨的变化。在这个时候出这本书，我想应该是水到渠成的事。

站在2015年9月的这个时间点上，思绪万千，百感交集。一者我在2012年年底就在不同场合多次提出“未来10年是中国股市投资的黄金时代”的言论至少在2013年至2015年上半年得到了市场的验证，2015年6月上证指数也曾站上5000点大关，创业板指数则站上了4000点大关。二者2015年6月至2015年9月经历了史无前例的股灾，短短3个月的时间上证指数下跌超过40%，创业板指数下跌超过50%。更严重的是，很多投资者因为融资、配资而血本无归，这是以前中国任何熊市中都不曾见到的，躲过“生死劫”，我学会了耐心和等待，学会了知进退，又完成了一次难忘的蜕变。展望未来，绝大多数投资者早已失去信心，我则不然。我认为对于中国经济，短期内也不用如此悲观，中长期仍具有活力。更为重要的是，由于大量二、三线城市未来很长时间房地产的投资价值不明显，居民资产长期向权益类倾斜不会逆转，资本市场中长期仍可十分看好，股灾后的市场有望实现长期慢牛。

在写作本书的过程中，要感谢我年迈的双亲无私地给了我适合做投资的基因和诚信为人、意志坚毅的品格，更令我感动的是，在我投资路上最为艰难的时候，已过古稀之年的母亲徒步跋涉到很远的深山寺院为我祈祷。特别要感谢我深爱的妻子和女儿无怨无悔的默默奉献，有了你们的理解和支持，我才能在艰难的投资路上心无旁骛地自由探索，你们的欢声笑语是我多次走出低谷、整装前行的力量。歌德曾说过，无论是国王还是农夫，家庭和睦是最幸福的。从这个角度讲，作为投资者的我是非常幸福的。感谢学术界大家郭世佑先生、投资界前辈青泽先生欣然作序，你们的墨宝为本书增色不少，也是日后我在投资路上继续前行的精神动力。感谢大学同窗浙江大学出版社副社长黄宝忠先生的大力支持，这让我解决了出版的后顾之忧，也感谢出版社徐婵女士和姜井勇先生提出不少非常有价值的建议和所有关心本书出版的朋友们。

何桥伟

2015 年 9 月于北京

图书在版编目 (CIP) 数据

把脉周期，寻找牛股：一个职业投资者的感悟 / 何桥伟著 .— 杭州 ：浙江大学出版社，2015.11
ISBN 978-7-308-15273-0

Ⅰ. ①把… Ⅱ. ①何… Ⅲ. ①股票投资—基本知识 Ⅳ. ① F830.91

中国版本图书馆 CIP 数据核字 (2015) 第 252403 号

把脉周期，寻找牛股—— 一个职业投资者的感悟
何桥伟 著

策划编辑 徐 婵
责任编辑 姜井勇
责任校对 杨利军 於国娟
封面设计 周 灵
出版发行 浙江大学出版社
（杭州天目山路 148 号 邮政编码 310007）
（网址：http://www.zjupress.com）
排 版 杭州林智广告有限公司
印 刷 浙江省良渚印刷厂
开 本 710mm×1000mm 1/16
印 张 16.25
字 数 175 千
版 印 次 2015 年 11 月第 1 版 2015 年 11 月第 1 次印刷
书 号 ISBN 978-7-308-15273-0
定 价 38.00 元

1